Soft Tennis Coaching Book

基本が身につく
ソフトテニス
練習メニュー200

日本ソフトテニス連盟 強化委員長
三重高校 ソフトテニス部監督
神崎公宏 監修

池田書店

はじめに 指導者の皆さんへ

選手たちの心に残る指導者を目指して

　私は10数年前に、ある大学の教授と話をする機会がありました。当時、あらゆる高校スポーツの全国大会上位校は、スパルタ指導が中心だったそうです（私もそうでしたが）。

　その教授は私に、「叩くのとは違う方法で、全国大会で勝たせてみたらどうだ。スパルタは邪道だ。そんな指導では、スポーツの楽しさが失われる」と、強い口調でお話されました。

　この話に刺激を受けた私は、その後、指導法を変えてきたつもりです。教授の話を聞いてから10数年が経ちましたが、当時の生徒より最近の生徒の方が高校を卒業してからも、大会上位で活躍する割合が増えているのと同時に、楽しくソフトテニスを続けています。

　我々指導者の喜びは、選手たちが夢を追いかけているのをサポートしてあげることと、成長していく姿を楽しく見つめていくことにあるのだと思います。

　将来、選手たちに素晴らしい指導者に巡り会えてよかったと言われるような、心に残る指導者を目指してください。本書には、小学生・中学生・高校生、それ以上のどの年齢層にも対応できる練習法がたくさん載っています。選手たちへの指導の手助けになれば、これほど嬉しいことはありません。

三重高校 ソフトテニス部監督
神崎 公宏

お読みいただく前に　**本書の見方・使い方**

本書はソフトテニスの練習メニューを9つの章に分けてまとめてあります。
このページは、はじめて本書をご覧いただくときに、お読みください。

練習メニューページの見方

▶▶▶ 各メニューを写真やイラストを用いて、わかりやすく説明しています。

※本書では、基本的に右利きのプレーヤーの動きを記載してあります。

練習メニューとねらい
練習内容と目的を解説しています。

インデックス
練習メニューの検索にご利用ください。

イラスト
練習の内容ややり方を、イラストと矢印で説明しています。手順と合わせてお読みください。

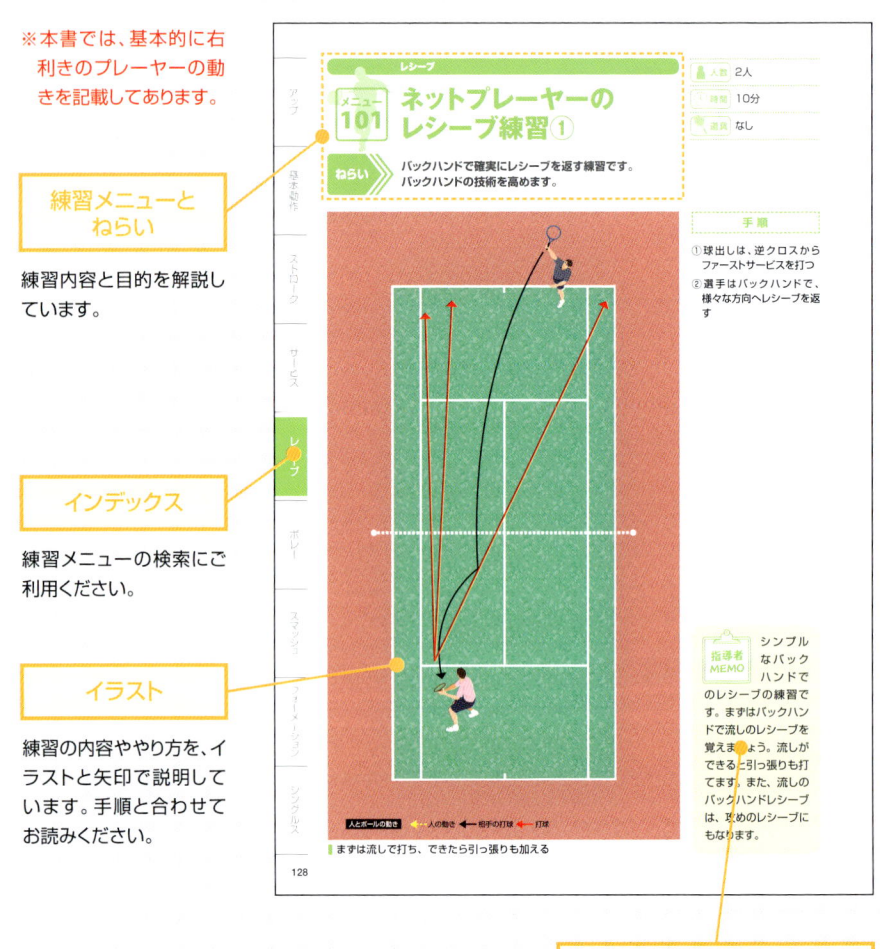

指導者MEMO
この練習の補足説明や指導のポイントをまとめています。

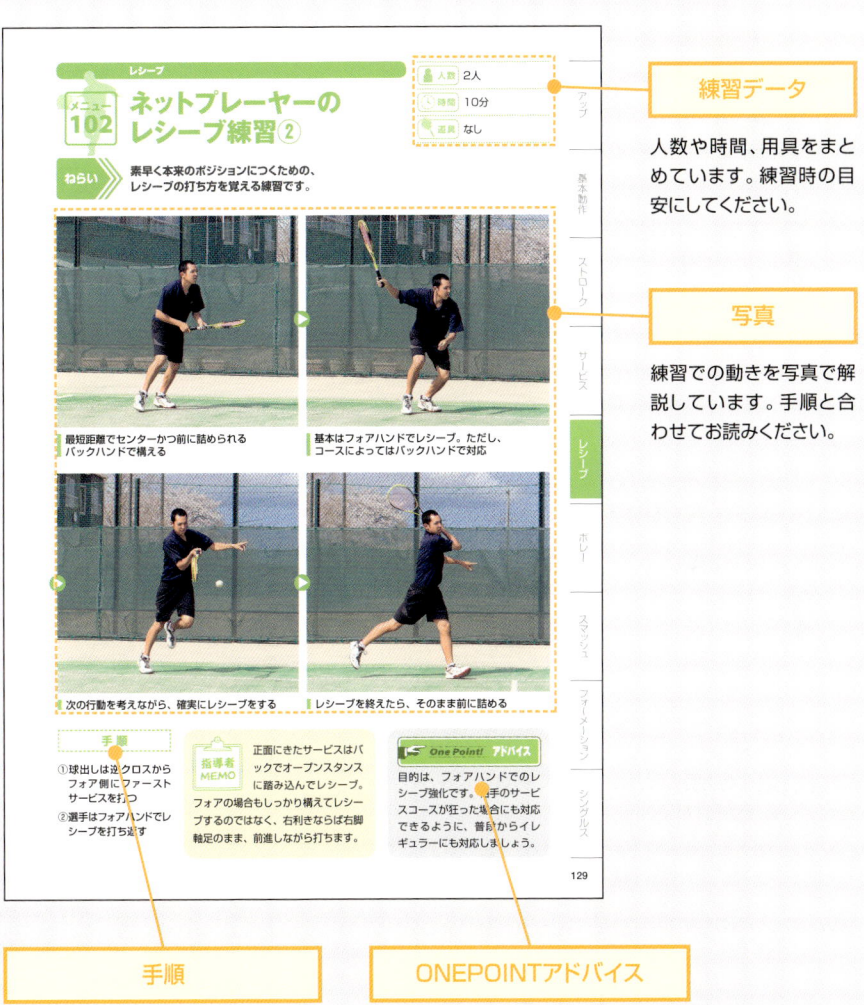

Kanzaki's Coaching Method

神崎監督に学ぶ
指導者の心得

ソフトテニスの指導における注意点をまとめました。選手の指導にぜひ役立ててください。

神崎流指導の心得 その①

指導者の条件
▶▶▶ あなたはこんな指導をしていませんか？

昔からなぜか、指導者は上で選手は下という考えがあります。自分はそうではないと思っている指導者も、無意識にこのような立場になりやすいものです。そうすると、いろいろなことを、上から押しつけていることがあります。ミーティングにしても、指導者が言いっぱなしで終わることがあります。

本来の指導者は、子どもたちをいかにして伸ばすのかという、バックアップ的な役割をするものです。指導者が押しつけていては、いろいろな感性は生まれません。選手があってはじめて指導者があります。まずは、日本ソフトテニス連盟でも挙げている、よい指導者の条件を紹介します。

良い指導者の条件＜10カ条＞
（日本ソフトテニス連盟）

1. 熱意、情熱、熱心さ、愛情
2. 自信と信念
3. 研究心と創意工夫
4. 根気＝最後まであきらめないねばり
5. 選手と接触する時間の確保と選手の理解
6. 演技力
7. 人のよいところを学びとる
8. 環境整備
9. レベルの高い選手と交流させる
10. 謙虚さ

神崎流指導の心得 その②

指導方針
▶▶▶ 子どもが主役の指導法とは？

「なんでできないの？」という言葉が口にでるようでは、指導者ではありません。指導者は、試合で負けたら自分のせい、試合に勝てば選手のがんばりと思うのが当たり前です。

また、勝つことだけにこだわる指導者も、よい指導者とは言えません。勝つ技術にこだわった結果、本来は伸びしろがある子どもたちの成長を止めてしまうことが多々あります。

指導者は、選手1人1人にあった指導法が何かを、常に勉強しなければなりません。指導者に終わりはないのです。指導者には、それくらいの責任感が必要です。逆に責任感がなくなったときは、指導者としては終わりの時期でもあるのです。ここでは、子どもを教えるための指導方針を紹介します。

子どもを教えるための指導方針＜10カ条＞
（日本ソフトテニス連盟）

1. ソフトテニスを通して人間性を育てる
2. 目的は人間形成、目標は勝つこと
3. 体力、能力の限界に挑戦する
4. 義理人情を重んじる人間づくり
5. コートの中に人生の教訓がある
6. コートの中で人生を拾え
7. 社会にでて役立つ礼儀作法
8. 努力と入魂
9. コツコツと継続する努力は天に通じる
10. 指導者がいちばん努力をすること

神崎流指導の心得　その③

最終目的は、自主自立
▶▶▶ 常にやり方を進化させる

　指導とは、指導者がつきっきりで技術を教えることだけではありません。1日の中で、選手と指導者が一緒にいられるのはごくわずかです。また、練習中であっても1人の選手だけを見ているわけではありません。

　最終的に必要な指導とは、選手が自主的に自分を見つめ直し、自分で工夫して練習をするような環境をつくることです。そのとき指導者は、選手の悩みを聞いてヒントを与えたり、間違った方向に行かないように軌道を修正してあげることが役割になります。

　実際に選手たちが自主自立するのは難しいことですが、次のようなことを考えて実行していくと、より自主自立できる育成につながると思います。

自主自立できる育成①
時間の工夫でモチベーションUP

　毎日の練習の中で、選手のモチベーションだけは一定ではありません。練習時間が長いほど、この傾向は強まります。ですので、できるだけ無駄を省き、例えば普段6時間ある練習時間を4時間にしてみてはいかがでしょうか？

　順番待ちをしている選手がいればボール拾いをさせたり、1対1の練習を2人1組の2ペアにして1球交代で打たせたり、と工夫の仕方はたくさんあります。できるだけ高いモチベーションで全体練習にのぞむことで、より高いレベルの発見や気づきが生まれやすくなります。

自主自立できる育成②
本当の厳しさを伝える

　厳しさというと、ミスに対して怒られるといった、人から受けるもののように感じます。ですが本当の厳しさとは、自分自身の中から生まれるものです。それは例えば「テニスが強くなるためにはどうしたらよいだろうか？」、「自分に足りない技術は何だろうか？」、「なぜ練習した成果がでないのだろうか？」といったものです。

　自分の中から生まれたものに、とことん全力で、克服する努力をすること。それこそが本来の厳しさですし、そこからより高い目標が生まれてきます。まずは自分自身に厳しくなることを伝えていきましょう。

自主自立できる育成③
自分1人での練習に取り組む

　自分自身で考えるうちに、本当にうまくなるために必要な、芯の部分に意識がいくようになります。芯とは、「仕方ない」とか「あれは不可抗力だ」といった他の逃げ道を作らずに、すべて自分の技術不足と認識し、克服していく細かい技術や戦術のことです。そのような部分に意識がいけば、自分自身に本当に厳しくなれます。

　ただしこのような過程では、必要以上に悩んでしまうこともあります。そのような場合こそ指導者の出番です。「こういうことじゃないか？」や「もっとこういう練習をしたらどう？」とヒントを与えます。

自主自立できる育成④
選手の未来を考え、伝える

　今は自分たちの元にいる選手ですが、いつかは次の世界へステップアップしていきます。進学する選手もいれば、社会にでていく選手もいます。そのときに伸びていく選手というのは、自分たちで考えて行動をしている意識の高い子どもたちです。もちろん、進んだ先で素晴らしい指導者と出会えたことも大きな要素ですが、それ以外に上達が止まらない基礎ができていたからです。しかし、指導者が言った通りの練習だけをしていた選手たちは、伸びない場合がほとんどです。子どもたちの将来を見据えた指導を心がけたいものです。

神崎流指導の心得 その④

主体変容
▶▶▶ 自分が変われば人も変わる

　これは、企業経営の神様と呼ばれる松下幸之助さんの言葉です。この言葉の意味は、周りのことを変えるのであれば、まずは自分の行動を変えよう、ということです。

　指導者の役割は、選手が主体変容をできるようにサポートをしてあげることでもあります。選手に対して「がんばろう」ということではありません。人は誰でも目標が同じであれば、楽な方を行くものですが、辛い方を登るように導いてあげることも指導者にしかできないことの1つです。

うさぎとカメ

　選手たちに試練を乗り越える喜びを伝えるのは難しいことです。このときに私はよく、童話の"うさぎとカメ"の話をします。「なぜ、うさぎはカメに負けてしまったのか？」と。

　多くの選手は「寝ていたから」と答えます。それはそうなのですが、私の答えは、「うさぎとカメの"目標設定"と"目標への心構え"が違ったからだ」、ということです。

　うさぎの目標設定は"カメに勝つこと"でした。だからカメの遅さに油断して寝てしまったのです。一方、カメの目標は"山の上に登ること"でした。だからカメは最後までがんばれたのです。

　そして目標への心構えですが、カメは坂道を走りながら、「自分にこんな試練を与えてくれて"ありがとう"」、と思っていたのです。

　"ありがとう（有難う）"の言葉の意味は、「難が有る」からありがとうと言います。難がないものは、ありがとうではありません。

　また、ありがとうの反対は、"当たり前"です。ですから、当たり前のことが当たり前のことではないと気づいたときに、ありがとうになるのです。

　試練も同じで、辛いことを乗り越えた結果がありがとうになります。ですから試練を乗り越えていない人には、当たり前の結果しかついてこないのです。

神崎流指導の心得 その⑤

心・技・体・生活
▶▶▶ 自分シートの活用

　私は、心と技と体、このすべてを育てる指導を心がけています。選手たちには常々、自分に気づきなさいと言います。そのためには、選手たちが自分の「心・技・体・生活」を知ることが大切です。この1枚の用紙を渡して、自分で自分を分析させています。極端な話ですが、よいパフォーマンスができたときの「心・技・体・生活」がどうだったかを知ると、自分自身をより向上させられます。

ソフトテニス部目標設定用紙（記入例）　（　　年　月　日／氏名　　　　　　　　　　）

目標	最終の目標	選抜大会 優勝	（　年　月　日 達成）	（目標を達成したときの自分）とても嬉しくて、次の目標に向けて頑張ろうと思う
		東海インドア 個人＆団体 優勝	（　年　月　日 達成）	
	絶対に達成する目標	新人戦 ベスト8	（　年　月　日 達成）	（目標達成より何が得られるか）自信と次への意欲
	今回の目標	新人戦 優勝、メンバー入りする	（　年　月　日 達成）	

■現在の分析

項目	成功（具体的に）	順位	失敗（具体的に）	順位
精神面	無心で欲がなく、切り替えが早い	1	どうしたら良いのか分からず、あたふたする	1
技術面	思い切ったプレーをミスなく出来る	3	全くボールに触れなくなる	2
身体面	体が軽くて、良く動く	4	前日の疲労が体に残っていてだるい	5
生活面	早寝早起きが出来ている	5	生活のリズムが崩れてしまう	4
その他	いろんな発想がでてくる	2	大事な場面で足が動かなくなる	3

■今後予想される問題

項目	問題点（具体的に）	順位	解決策（具体的に）	順位
精神面	焦ってしまって気持ちを整理できない	2	後衛とよく話し合って、何をするか決める	2
技術面	簡単なミスをしてしまう	3	毎日の練習からプレッシャーをかけてやる	3
身体面	故障や疲労が体に残る	1	体のケアをしっかりして気を引き締めて練習、トレーニングする	1
生活面	生活のリズムが崩れる	5	計画を立てて行動する	5
その他	大事な場面で足が動かなくなる	4	早く決断して思い切ったプレーをする	4

■目標達成までに繰り返し行うこと（ルーティン）

＜クラブ活動内＞
- コート整備を絶対にする
- コートにゴミが落ちていたら拾って捨てる
- コートに砂まきをする
- いつ来客が来ても良いようにクラブハウスを常にきれいにしておく
- 草抜きをする（コート周り）

＜クラブ活動外＞
- 靴が乱れていたらそろえる
- 学校の掃除を手を抜かずにしっかりとキレイにする
- ゴミが落ちていたら拾う
- ゴミ箱の中身を分別する
- 黒板が消えてなかったら自分で消す

■具体的な期日目標

＜例：新人戦までに＞
- 毎日サーブをクロス、逆クロス30本ずつ打つ
- 朝練でバックボレーを30本する
- 朝練でスマッシュを20本する（流し）
- 朝練でバックストロークで乱打する
- 朝練でフォアハイボレーを20本する
- トレーニングで自分を精一杯追いつめる
- 毎日コートのゴミ拾いをする
- 夜寝る前に柔軟体操をする
- 英語に関することを毎日勉強する

（成功するために）　"**主体変容**"、人に優しく自分に厳しく

（成功するための決意）　"メンバーになって選抜で優勝する"という気持ちを常に持ち、練習に取り組む

神崎流指導の心得 その⑥
記録を取る
▶▶▶ 体力測定推移表の活用

　私たちは1年に2回、このような記録をつけています。定期的に自分の体力を数値で見ることで、選手たちはあらためて自分の成長を確認できます。逆に私たち指導者側は、この記録を見て指導法を再確認したり、修正したりしています。

三重高校ではこのような項目を測定していますが、選手たちの技術に合わせて、測る種目を調整してください。

神崎流指導の心得 その⑦

フォーメーションの重要性
▶▶▶ 基本は「雁行陣」

　高校生までの公式大会は、すべてダブルスです。そのため、ソフトテニスにおいてフォーメーションというのは非常に重要な意味を持ちます。フォーメーションの基本になるのは、雁行陣（がんこうじん）と言われる形で、100年以上も前に誕生しました。雁行陣は非常に攻守のバランスがとれた形で、現在も主流のフォーメーションです。現在は前衛が2人いるダブルフォワードや、後衛が2人いるダブル後衛などもでてきています。ですが全国の約9割のチームは、雁行陣を基本形にしています。

攻撃の基本
ポイント（得点）の取り方

　硬式テニスとソフトテニスの大きな違いはボールの重さとスピードです。硬式テニスでは当たり前のようにサービスエース（サービスで点を取ること）が見られますが、ソフトテニスではほとんど見られません。そのため、ソフトテニスでは、相手を揺さぶったり、逆をついたりという、相手との駆け引きやお互いの動きの読みあいが、非常に重要になります。
　このように相手の陣形を崩しておいて、ポイントを取りにいくのです。ですのでゲームに勝つためには基本技術だけでなく、相手の裏をかいたり、わざと誘ったりという駆け引きも非常に重要になってきます。

守備は攻撃の準備段階
攻撃への転じ方

　ソフトテニスでは、守っているだけではポイントは取れません。もちろん、猛攻をしのぐ場合や何とか耐えないといけない場面はでてきます。ですが、あくまでも攻撃につなげる前段階としての守備でないと、意味がありません。
　サッカーにも、"攻撃は守備からはじまる"る"という言葉がありますが、ソフトテニスも同じです。そのためには、自分たちが陣形を整える時間を作ったり、カットサーブで難しい場所へ打たれるのを防いだりと、守りながらも駆け引きする必要があります。ただ守るのではなく、どう攻めに転じるのかを、日頃の練習から考えましょう。

育成の目標
オールラウンドプレーヤーの育成

　ここでいうオールラウンドプレーヤーとは、いろいろな陣形に対応できる選手を意味します。すべての技術ができることや、前衛と後衛ができる、という意味ではありません。多様化した陣形や攻撃パターンに対応するためには、柔軟に動けるプレーヤーが求められるのです。また、様々なサーフェス（コートの表面や材質）に対応できることも、必要です。クレーコートやオムニコートは、ステップして軸足をセットする際に、足元が滑ります。これに慣れてしまうと、足元が滑りにくいハードコートやインドアコートでは、思ったようにプレーできないだけでなく、ケガにもつながります。

● 技術とプレースタイルの変化 ●

　以前は、後衛がロビングでボールをつなぎ、前衛がポイントを取るという展開が中心でした。また、当時はボールのゴムの質が悪く、今よりも重くて硬いものでした。当然ボールは弾みにくいので、昔の選手はセミイースタンのような握りをし、低い打点を打つことが多かったのです。また、重いボールに対して、最低限のパワーも必要でした。
　その後ボールの質が変わり、ラケットが木製からカーボンになり、後衛にはストローク力がついてきました。すると、展開がスピーディーになり、パワーよりもタイミングとスピードが重視されるようになってきました。また、ボールが弾むようになり、高い打点で打つショットも増えてきました。

神崎流指導の心得 その⑧

シングルスの重要性
▶▶▶ 個の能力を上げる

　ソフトテニスでは、試合中に前衛と後衛が入れ代わることはありません。そのため選手たちは、前衛か後衛のどちらかのポジションに分かれます。現状、国際大会ではシングルスも公式種目として取り入れられています。ところが国内の大会では、大学以上にならないと公式種目にはなりません。このような理由からシングルスの練習をしないチームも多いのですが、シングルスには技術向上の要素がたくさん詰まっています。ですから、個々の選手の能力を上げるために、本書ではシングルスの練習もふんだんに取り入れています。

前衛不足の現状打破
まんべんなく経験できる

　小学生は本来、ソフトテニスの楽しさを知る年齢です。ところが、試合に勝てるという理由から、フォーメーションはダブル後衛、技術はまずストロークという指導をする人が増えています。こうなると前衛に必要な技術練習が疎かになり、中学や高校になってもよい前衛選手が育っていないということにつながります。それどころか、ソフトテニスの楽しさを感じられずに離れてしまう子どもたちもでてきます。

　シングルスを取り入れることで、まんべんなく技術を覚えられたり、前衛と後衛のどちらの動きも覚えられたり、何より打ち合う楽しさを感じられると思います。

苦手技術の克服
あらゆる技術を使える

　バックハンドやサービスのレシーブが苦手な選手がたくさんいます。前衛と後衛にポジションが分かれている結果、よくも悪くもソフトテニスには分業的なところがあります。その結果、苦手な技術が苦手なままで残りやすくなります。

　ですがシングルスでは、あらゆる技術が必要になり、苦手な技術を使わなければならない場面がたくさんでてきます。苦手な技術が勝敗に影響することもでてきます。このような経験をすることで、選手たちは苦手技術の克服により力を入れるでしょう。また、個々の技術が伸びることで、ダブルスとしての実力も確実に上がります。

判断力と初動のスピードアップ
視野と思考が広くなる

　シングルスになると多少はコートがせまくなりますが、本来2人でプレーする範囲を1人でカバーします。そうなると、1人でレシーブをし、相手を揺さぶってチャンスをつくり、前にでてボレーでポイントを取るといった動きが必要になります。

　そのためには、より速く判断し、より速く動くことを考え、常に相手のスキを探したり、相手の動きを視野に入れることも覚えていきます。たった1歩の差が勝敗に影響しますし、自分の不得意な動きや判断も鮮明になります。シングルスでこのような要素が鍛えられると、選手たちの能力は今以上に大きく伸びてきます。

● シングルスの実現に向けて ●

　硬式テニスや卓球、バドミントンはダブルスとシングルスの両種目が正式種目です。国内大会や国際大会を問わずこれらの競技には、子どもから大人まで、それぞれの大会種目にシングルスとダブルスがあります。一方、ソフトテニスの国内大会は一部を除き、大学生以上にしかシングルス種目がありません。ところが国際大会ではどの年代にもシングルスがあります。これは非常におかしなことです。以前からシングルス実現の働きかけをしていますが、未だに実現には至っていません。シングルスが正式種目化すれば、テクニックの向上、新しい技の開発、競技力の向上、ソフトテニス人口の向上など、非常に大きなメリットがでてきます。今後もシングルスの実現に向けて、動いていきたいと思っています。

神崎流指導の心得 その⑨

基礎知識＜1＞
▶▶▶ コートの種類、サイズと名称

コートの種類（サーフェス）

クレーコート

土が素材。表面がやわらかいため、脚や腰への負担が少ない。バウンドしたときの球足があまり速くないため、初心者の練習に最適。

オムニコート

人工芝に砂をまいた素材。クレー同様足腰への負担が少ない。ボールがバウンドしにくいのが特徴。手入れがしやすく水はけもよい。

ハードコート

コンクリートのような硬い素材を使っている。身体への負担は大きい。ボールがバウンドしやすく、摩擦が大きいためにカットサービスが有効。乾きやすい。

インドア（全天候型）

室内のコートで板張りなどの硬い素材を使っている。床材の種類でボールの弾み方が変わる。多少足腰への負担は大きい。天候や風に左右されないのが大きな特徴。

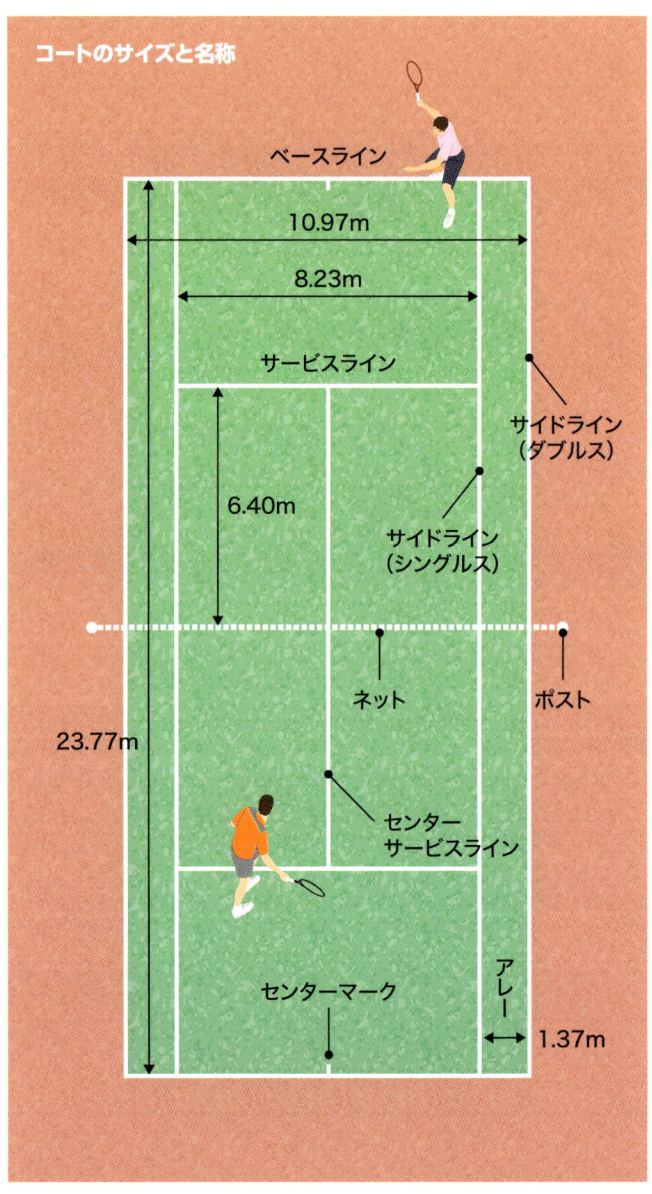

コートのサイズと名称

神崎流指導の心得 その⑩

基礎知識＜2＞
▶▶▶ よく使われるソフトテニス用語

アタック
ネット付近にいる相手へ攻撃的なボールを打つこと。

アプローチショット
ベースライン付近からネット方向へ前進するための攻撃的なショット。

インパクト
ラケットにボールが当たる瞬間。

クロス
ネットに向かって左方向に打つコース。正クロスともいう。

逆クロス
ネットに向かって右方向に打つコース。

サービス
プレーを開始する最初の打球。

サーフェス
コートの表面の種類。主にハードコート、オムニコート、クレイコートがある。

ストレート
コートの縦ライン沿いにボールを打つこと。

スタンス
ボールを打つときの両脚の向きと幅のこと。

クローズドスタンス
正クロスへのボールは打ちやすいが、流すコースへは打ちづらい。しっかりと体重移動をして踏みこみ脚に重心を乗せて回転して打つ。

オープンスタンス

流すコースへのボールが打ちやすく、打点が高いストロークに適しているため攻撃性が強い。極端に踏みこみ脚が開いていなければ、理想的なスタンスと言える。回りこんで打つ場合、このスタンスになりやすい。

テイクバック
ラケットを後ろに引く動作。

流し
打点を後ろにしてストレートや逆クロスにボールを押しだすように打つこと（詳しくはP78参照）。

パッシング
ネット際にいるプレーヤーの横を抜くショット。

引っ張り
打点を前にしてクロスへ打つこと（詳しくはP78参照）。

フォロースルー
インパクト後のラケットの動き。

ポーチ
ダブルスで、味方方向への打球をネットプレーヤーが跳びついてボレーすること。

ボレー
相手の打球をノーバウンドでダイレクトに打球するストローク。

ライジング
ボールがバウンドをして上がってきているときに打つストローク。

ラリー
ボールの打ち合いが続いている状態。

神崎流指導の心得 その⑪

基本的なルール＜1＞
▶▶▶ 試合のルール

試合の勝ち負け

基本は7もしくは9ゲームマッチです。そのうち、マッチ数の過半数を先取したチームの勝利となります。7ゲームマッチなら4ゲーム先取、9ゲームマッチなら5ゲーム先取で勝利となります。大会によっては3ゲームマッチや5ゲームマッチの試合もあります。

7ゲームマッチの場合

	1ゲーム	2ゲーム	3ゲーム	4ゲーム	5ゲーム	6ゲーム	7ゲーム
Aチーム	○勝	○勝	●負	○勝	●負	○勝	―
Bチーム	●負	●負	○勝	●負	○勝	●負	―

※7ゲームのうち、4ゲームを先取したAチームの勝利

1ゲームは4ポイント先取

各ゲームは4ポイント先取したチームの勝ちになります。ただし7ゲームマッチで3対3で迎えたファイナルゲームに限っては、先取するポイントが7ポイントになります。

各ゲームで3ポイント同士になった場合や、ファイナルゲームで6ポイント同士になった場合は、デュースになります。デュースは、2ポイント連続で獲得したチームが勝ちとなります。

各ゲームで3対3でデュースになった場合

2ポイント連続先取する	➡	勝ち
2ポイント連続先取される	➡	負け
1ポイント先取した（された）後、1ポイント取られる（取る）	➡	再びデュースへ

※デュースの場合はこのような流れになる

主な反則（インターフェア）

次のような行為は反則となり、ポイントを失う。
- ラケットがネットやネットポストに触れたり、越えた場合
- 審判や審判台に触れる
- ボールを2度打ちしたり、ラケットにボールを乗せる
- 故意にボールや物を投げる
- 投げたラケットにボールを当てて返球
- インドアでボールが天井に当たる
- 返球がパートナーに当たる
- 相手の打撃妨害をする

神崎流指導の心得　その⑫

基本的なルール＜２＞
▶▶▶ サービスのルール

サーブ権

じゃんけんでラケットトスをする方を決める。負けた方がラケットを回す。勝った方はラケットが倒れる前に「表」か「裏」を決める。公認マークがある方が表、ない方が裏。国際大会ではコイントスが一般的。

対角線上のサービスコートを狙う

サービスは対角線上にある相手のサービスコートに入れる。必ず右側のコート（センターマークの右側）からサービスを打つ。1ポイント取るか取られたら、左側のコートへ移動して打つ。

2ポイントごとに交代

ダブルスの場合は、2ポイントごとにサーバーを交代する。次のサービスゲームでは、先に打つ選手を変えてもよい。

2回まで打てる

ファーストサーブが入らなかった場合は、セカンドサーブが打てる。サーブが入らない場合はフォルトになる。また「レット」という宣言をされると打ち直しとなる。

打つ場所

センターマークと各サイドラインの間、かつベースラインよりも後ろから打つ。ボールを打つまではベースラインよりも内側に入ってはいけない。

イン

サービスコートにボールが入った状態。

フォルト

ボールがサービスコート以外に落ちたり、ベースラインを踏んだ場合。または、空振りをした場合。

レット

ネットに当たったボールがサービスコートに入った場合。ネットポストに当たった場合や、審判のコール前にサーブした場合にも適用される。

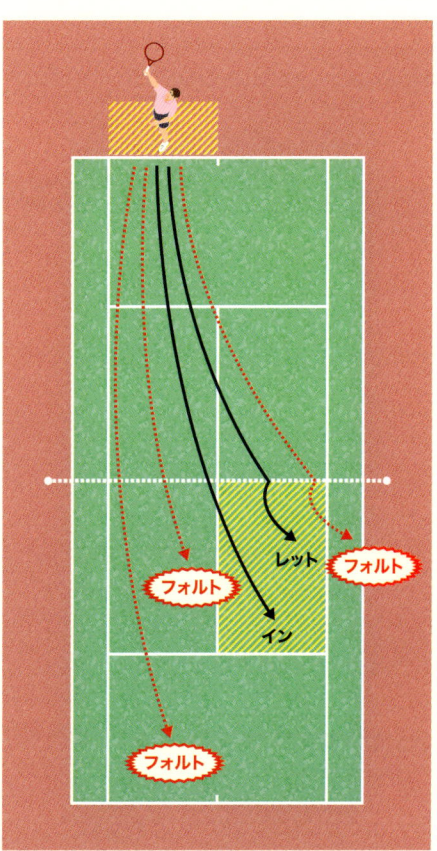

基本が身につく
ソフトテニス 練習メニュー200

CONTENTS

- はじめに 002
  ### 選手たちの心に残る指導者を目指して
- 本書の見方・使い方 004

神崎監督に学ぶ 指導者の心得　　　　　　　　　　　　006
- 指導者の条件 006
- 指導方針 007
- 最終目的は、自主自立 008
- 主体変容 009
- 心・技・体・生活 010
- 記録を取る 011
- フォーメーションの重要性 012
- シングルスの重要性 013
- 基礎知識＜１＞ 014
- 基礎知識＜２＞ 015
- 基本的なルール＜１＞ 016
- 基本的なルール＜２＞ 017

CONTENTS

第1章　アップ　　027

- ウォーミングアップの重要性　028
- コーディネーション7つの能力　030
- 身体の軸と重心の位置　031

＜練習メニュー＞

- メニュー 001 ◎ ウォーキング　032
- メニュー 002 ◎ ジョギング　032
- メニュー 003 ◎ ランニング　033
- メニュー 004 ◎ 屈伸　033
- メニュー 005 ◎ 伸脚　034
- メニュー 006 ◎ 前後の開脚　034
- メニュー 007 ◎ 左右の開脚　035
- メニュー 008 ◎ 股割り　035
- メニュー 009 ◎ 肩入れ　036
- メニュー 010 ◎ 肩甲骨動かし　036
- メニュー 011 ◎ 対角線の肩甲骨動かし　037
- メニュー 012 ◎ ランジ　037
- メニュー 013 ◎ サイドランジ（前周り・後ろ周り）　038
- メニュー 014 ◎ 対角線のランジ　038
- メニュー 015 ◎ つま先ハイタッチ　039
- メニュー 016 ◎ 逆脚さわり　039
- メニュー 017 ◎ サービスラインでのキャッチボール　040
- メニュー 018 ◎ ベースラインでのキャッチボール　040
- メニュー 019 ◎ ステップをしながらキャッチボール　041
- メニュー 020 ◎ ボールを転がすキャッチボール　041
- メニュー 021 ◎ アジリティ① 基本姿勢（小刻みなステップ）　042
- メニュー 022 ◎ アジリティ② 切りかえし動作　042
- メニュー 023 ◎ アジリティ③ サイドステップ　043
- メニュー 024 ◎ アジリティ④ ジャンプ　043
- メニュー 025 ◎ アジリティ⑤ バーピー　044
- メニュー 026 ◎ ラダー① モモ上げ　044
- メニュー 027 ◎ ラダー② ランジ　045
- メニュー 028 ◎ ラダー③ ジャンプ股割り　045
- メニュー 029 ◎ ラダー④ サイドジャンプ　046
- メニュー 030 ◎ ラダー⑤ クロスステップ　046

メニュー031	ラダー⑥ イン&アウト	047
メニュー032	ラダー⑦ 中中外外	047
メニュー033	ラダー⑧ 中外サイド	048
メニュー034	ラダー⑨ 中外前後	048

第2章　基本動作　049

- 3つのグリップの握り方 …… 050
- ストロークの構えと待球姿勢 …… 052
- ネットプレーの構えと待球姿勢 …… 054
- ステップ …… 056

＜練習メニュー＞

メニュー035	ウエスタングリップ	058
メニュー036	イースタングリップとセミイースタングリップ	059
メニュー037	グリップを握る力の入れ方	060
メニュー038	クロスステップ	061
メニュー039	左右にペッパー	062
メニュー040	前後にペッパー	063
メニュー041	移動素振り	064
メニュー042	ジャグリング（お手玉）右手／左手／同時	065
メニュー043	ボール2個交互打ち	066
メニュー044	ボール3個でのジャグリング（お手玉）	067
メニュー045	ボール3個でのジャグリング（ボールつき）	068
メニュー046	壁当てジャグリング（お手玉）	069
メニュー047	バランスボード上でジャグリング（お手玉）	069
メニュー048	トス&サイドステップ	070
メニュー049	ラインタッチ	070
メニュー050	ラインダッシュ	071
メニュー051	スパイダー	072

第3章　ストローク　073

- ストロークの基本（サイドストローク） …… 074
- アンダーストローク …… 076
- トップ打ちとライジング …… 077

- 流しと引っ張り …… 078
- 攻めと守りのロビング …… 079
- バックハンドストローク（韓国式／ネットプレーヤー） …… 080

〈練習メニュー〉

メニュー 052 ◎ フラフープの中で素振り …… 082
メニュー 053 ◎ フラフープの中で1本打ち …… 082
メニュー 054 ◎ 3つの回転（ドライブ/スライス/カットストローク） …… 083
メニュー 055 ◎ ショートストロークの乱打 …… 084
メニュー 056 ◎ センターからの2本打ち …… 085
メニュー 057 ◎ 4コースでの5本打ち …… 086
メニュー 058 ◎ 6本打ち …… 087
メニュー 059 ◎ 4本打ち …… 088
メニュー 060 ◎ 攻めロビング4本打ち …… 089
メニュー 061 ◎ 1対2乱打 …… 090
メニュー 062 ◎ 1対3乱打 …… 090
メニュー 063 ◎ ライジングの基本 …… 091
メニュー 064 ◎ ライジング練習① 〜ワンバウンドでキャッチ〜 …… 092
メニュー 065 ◎ ライジング練習② 〜前に詰めて打つ〜 …… 092
メニュー 066 ◎ ネットプレーヤーのバック練習① …… 093
メニュー 067 ◎ ネットプレーヤーのバック練習② …… 093
メニュー 068 ◎ ベースラインプレーヤーのバック練習① …… 094
メニュー 069 ◎ ベースラインプレーヤーのバック練習② …… 095
メニュー 070 ◎ バックのトップ打ち …… 096
メニュー 071 ◎ ショートバウンドの乱打 …… 097
メニュー 072 ◎ 中間ポジション乱打 …… 097
メニュー 073 ◎ 両手でショート乱打 …… 098
メニュー 074 ◎ キャッチ&パス① …… 099
メニュー 075 ◎ キャッチ&パス② …… 099
メニュー 076 ◎ 同時にキャッチ&ヒッティング …… 100
メニュー 077 ◎ 風船ジャグリング（お手玉） …… 100
メニュー 078 ◎ ミニトランポリン① 〜180度回転〜 …… 101
メニュー 079 ◎ ミニトランポリン② 〜90度回転〜 …… 101
メニュー 080 ◎ ミニトランポリン③ 〜回転しながらスイング〜 …… 102
メニュー 081 ◎ ミニトランポリン④ 〜回転しながら実際に打つ〜 …… 102

第4章　サービス　　103

- サービスと回転 …… 104

＜練習メニュー＞

- メニュー 082 ◎ トップスライスサービス …… 106
- メニュー 083 ◎ フラットサービス …… 107
- メニュー 084 ◎ リバースサービス …… 108
- メニュー 085 ◎ アンダーカットサービス …… 109
- メニュー 086 ◎ ショルダーカットサービス …… 110
- メニュー 087 ◎ ボールの握り方 …… 111
- メニュー 088 ◎ トスアップの練習① ～コップ上げ～ …… 111
- メニュー 089 ◎ トスアップの練習② ～目印にトス～ …… 112
- メニュー 090 ◎ トスアップの練習③ ～カゴにボールを入れる～ …… 113
- メニュー 091 ◎ ヒジが下がる場合の矯正法 …… 114
- メニュー 092 ◎ イースタングリップの練習① ～ヒジから先で投球～ …… 115
- メニュー 093 ◎ イースタングリップの練習② ～身体のひねりで投球～ …… 115
- メニュー 094 ◎ イースタングリップの練習③ ～ヒジを伸ばして遠投～ …… 116
- メニュー 095 ◎ イースタングリップの練習④ ～ラケットで打つ～ …… 116
- メニュー 096 ◎ 下から上へのスイング …… 117
- メニュー 097 ◎ 3箇所からサービス …… 118
- メニュー 098 ◎ ヒザ立ちサービス …… 118
- メニュー 099 ◎ 右脚着地と左脚着地 …… 119
- メニュー 100 ◎ ノーバウンドでのテニスバレー …… 120

第5章　レシーブ　　121

- レシーブの考え方 …… 122
- ベースラインプレーヤーのレシーブ …… 124
- ネットプレーヤーのレシーブ …… 125
- ファーストサービスとセカンドサービス …… 126
- ストロークとレシーブの違い …… 127

＜練習メニュー＞

- メニュー 101 ◎ ネットプレーヤーのレシーブ練習① …… 128
- メニュー 102 ◎ ネットプレーヤーのレシーブ練習② …… 129
- メニュー 103 ◎ カウントを考えてレシーブ …… 130
- メニュー 104 ◎ スプリットステップを入れたレシーブ …… 130

メニュー 105	深いレシーブを打つ	131
メニュー 106	ハイタッチ&ロータッチ	132
メニュー 107	ラケットと脚でボールキャッチ	132
メニュー 108	フラフープを使った球つき	133
メニュー 109	脚をだし入れする球つき	133
メニュー 110	ワンバウンドでキャッチ	134
メニュー 111	ノーバウンドでキャッチ	134

第6章　ボレー　135

- ランニングボレー　136
- ボレーの打ち分け 〜「引っ張り」と「流し」〜　138
- バックボレー　139

<練習メニュー>

メニュー 112	インパクトで力んでしまう選手の矯正法	140
メニュー 113	フットワークの1歩目の矯正	141
メニュー 114	フットワークの脚の運び方	142
メニュー 115	2本指ボレー	143
メニュー 116	引っ張りのフォアボレー	144
メニュー 117	流しのフォアボレー	144
メニュー 118	流しのバックボレー	145
メニュー 119	引っ張りのバックボレー	145
メニュー 120	ポケットに手を入れてボレー	146
メニュー 121	左手でラケットを持ち続けてボレー	147
メニュー 122	ローボレーの基本	148
メニュー 123	ブロックに脚を乗せてローボレー	149
メニュー 124	ラケットからの球出しをローボレー	150
メニュー 125	自分の球出しからローボレー	151

- アタックボレー　152

<練習メニュー>

メニュー 126	カゴでアタックボレー	153
メニュー 127	強打をアタックボレー	154
メニュー 128	3方向ボレー	155
メニュー 129	オーバーネットでアタックボレー	156

メニュー 130 ◎ スイングボレーの基本	157
メニュー 131 ◎ スイングボレーの練習	158
メニュー 132 ◎ ストップボレー	159
メニュー 133 ◎ ストップボレーでカゴにボールを入れる	159
メニュー 134 ◎ 4コースボレー	160
メニュー 135 ◎ 2コースからのボレー練習	161
メニュー 136 ◎ 判断ボレー練習	162
メニュー 137 ◎ 14本取り	163
メニュー 138 ◎ 座ってのボレー	164
メニュー 139 ◎ 背面ポンポン	165
メニュー 140 ◎ お尻をついたまま連続ボレー	166

第7章　スマッシュ　　　167

- スマッシュ　168
- 踏みだすスマッシュ　169
- ジャンピングスマッシュ　170
- スマッシュの「引っ張り」と「流し」　171

＜練習メニュー＞

メニュー 141 ◎ 両脚のかかとをつけたままジャンプ	172
メニュー 142 ◎ ボールの下に入ってヘディング	173
メニュー 143 ◎ ヘディングで相手コートに返す	173
メニュー 144 ◎ 後ろに下がってジャンピングスマッシュ	174
メニュー 145 ◎ 前に詰めてジャンピングスマッシュ	175
メニュー 146 ◎ 8の字	176
メニュー 147 ◎ 平均台の上でドリブル	177
メニュー 148 ◎ 平均台を歩きながらドリブル	177
メニュー 149 ◎ トランポリンでなわとび	178
メニュー 150 ◎ トランポリンで球つき	178

第8章　フォーメーション　　　179

- クロスの展開　180
- クロスと逆クロスの展開　181
- 右ストレートと左ストレートの展開　182

- フォーメーションの使い分け ……………………………………………… 183
<練習メニュー>
- メニュー 151 ◎ 雁行陣 …………………………………………………… 184
- メニュー 152 ◎ 攻撃型並行陣（ダブルフォワード）……………………… 185
- メニュー 153 ◎ 守備型並行陣 …………………………………………… 186
- メニュー 154 ◎ Iフォーメーション ……………………………………… 187
- メニュー 155 ◎ センター割り① ………………………………………… 188
- メニュー 156 ◎ センター割り② ………………………………………… 189
- メニュー 157 ◎ サービスからの連続攻撃① …………………………… 190
- メニュー 158 ◎ サービスからの連続攻撃② …………………………… 191
- メニュー 159 ◎ カットサービス＆ポーチボレー ………………………… 192
- メニュー 160 ◎ 相手を回りこませてポーチボレー ……………………… 193
- メニュー 161 ◎ 相手を回りこませるレシーブでポーチボレー① ……… 194
- メニュー 162 ◎ 相手を回りこませるレシーブでポーチボレー② ……… 195
- メニュー 163 ◎ レシーブからの連続プレー① …………………………… 196
- メニュー 164 ◎ レシーブからの連続プレー② …………………………… 197
- メニュー 165 ◎ レシーブからの連続プレー③ …………………………… 198
- メニュー 166 ◎ ロビングで仕掛け、トップ打ちで仕留める ……………… 199
- メニュー 167 ◎ トップ打ちで切り返し …………………………………… 200
- メニュー 168 ◎ 中ロブから誘ってボレー ………………………………… 201
- メニュー 169 ◎ 守備型並行陣の攻略 …………………………………… 202
- メニュー 170 ◎ 甘いサービスから前にでる① ………………………… 203
- メニュー 171 ◎ 甘いサービスから前にでる② ………………………… 204
- メニュー 172 ◎ クロスへの短いボールで前にでる …………………… 205
- メニュー 173 ◎ サーバーのネットプレーヤーを狙うレシーブ① ……… 206
- メニュー 174 ◎ サーバーのネットプレーヤーを狙うレシーブ② ……… 207
- メニュー 175 ◎ 攻撃型並行陣対策① …………………………………… 208
- メニュー 176 ◎ 攻撃型並行陣対策② …………………………………… 209

コラム 自分が変わった一言 …………………………………………… 210

第9章 シングルス　211

- シングルス ………………………………………………………………… 212
- コートカバーリングとポジショニング ………………………………… 213

<練習メニュー>

メニュー **177** ◎ サービスからオープンコートを攻める …… 214
メニュー **178** ◎ ストレートレシーブから前にでる …… 215
メニュー **179** ◎ ペースを変えて揺さぶる …… 216
メニュー **180** ◎ クロスラリーからクロスへ切り返し …… 217
メニュー **181** ◎ クロスラリーからストレートへ切り返し …… 218
メニュー **182** ◎ 逆クロス展開の攻撃① …… 219
メニュー **183** ◎ 逆クロス展開の攻撃② …… 220
メニュー **184** ◎ ネットに詰めてくる相手を攻略① …… 221
メニュー **185** ◎ ネットに詰めてくる相手を攻略② …… 222
メニュー **186** ◎ ストレートラリーから回りこんで逆クロスに打つ① …… 223
メニュー **187** ◎ ストレートラリーから回りこんで逆クロスに打つ② …… 224
メニュー **188** ◎ ツイストからネットプレーへ …… 225
メニュー **189** ◎ ストレート攻めからスイングボレー …… 226
メニュー **190** ◎ サービスでアプローチし、ボレーで攻める …… 227
メニュー **191** ◎ ラリーからアプローチし、ボレーで攻める …… 228
メニュー **192** ◎ 深いクロスへのアプローチを切り返し① …… 229
メニュー **193** ◎ 深いクロスへのアプローチを切り返し② …… 230
メニュー **194** ◎ 相手の打ち方で予測する …… 231
メニュー **195** ◎ アプローチ後の中間ポジション① …… 232
メニュー **196** ◎ アプローチ後の中間ポジション② …… 233
メニュー **197** ◎ 前にでてくる相手に連続攻撃 …… 234
メニュー **198** ◎ 防御のロビングを使う …… 235
メニュー **199** ◎ スライスショットに慣れる …… 236
メニュー **200** ◎ 逆クロスのバックハンドから回りこんでストレートへ …… 237

● おわりに …… 238

本気になると、人生が変わります

第1章
アップ
Warming Up

ケガの予防やパフォーマンスの向上には、
ウォーミングアップがかかせません。
ここでは最低限行うとよい、
ウォーミングアップのやり方を紹介します。

アップの重要性

基本概念 ウォーミングアップの重要性

▌筋肉の動きを連動させるには、対角線や左右への動きを意識することが重要

POINT①

肩甲骨と股関節を十分に動かす

　スポーツで大切な関節は、肩甲骨と股関節です。肩甲骨は、すべての方向に回せる作りであるため動かしやすい関節です。股関節は、すべての方向に回せる作りをしていますが、上から身体や重力などの重さが乗っている分、動かしにくく硬くなりやすい関節です。股関節が硬いと動ける範囲が狭くなり、パフォーマンスが悪くなってしまいます。アップでは、股関節を機能的に使えるように、しっかり伸ばすということが重要です。

アップ（準備体操）の大きな狙いは、インナーマッスルからアウターマッスルへと、筋肉の動きを連動させていくことです。インナーマッスルとは、身体の深い部分にある筋肉で、アウターマッスルとは、外側を覆っている筋肉です。アップでインナーマッスルをゆるめずに、アウターマッスルだけを動かすと、体が効率よく動きません。すると練習中や試合中にスタミナが切れやすくなります。ですがインナーマッスルからゆるめると、動きが連動し、運動に適した状態を作れます。

POINT②
収縮と伸展で、筋肉と腱をほぐす

関節と同様に、アップでは筋肉をほぐすことも重要です。特にテニスで重要なのは、ふくらはぎ周りの筋肉とアキレス腱です。筋肉がアクセルだとすると、アキレス腱に代表される「腱」はブレーキの役割をします。ソフトテニスでは、動作と停止をひんぱんに繰り返すため、この機能が重要になります。筋肉を伸ばしていくと、必要以上に伸びないよう、腱がストップをかけます。この動きの顕著な例がジャンプです。まず、飛ぼうとしてしゃがんだときは、筋肉が引き伸ばされます。一定量以上に引き伸ばされると危ないため、ある程度伸びたところで腱がストップをかけて筋肉を縮めます。それによって収縮力が高まり、反発が生まれるのでジャンプになります。この両方を上手に連動して使えると、瞬発力が高まっていきます。

POINT③
筋温を上げる

筋肉の温度を筋温と言います。筋温が40度くらいまでは、温度に比例して神経の伝達スピードが上がっていきます。例えば、筋温が36度よりも37度の方が、より伝達スピードが速くなります。アップの際にある程度筋温を上げておかないと、神経の伝達スピードが悪くなり、よいパフォーマンスがだせません。

POINT④
静的ストレッチはクールダウンで

テニスコートでの動きは、ダッシュやジャンプ、ストップする動きの繰り返しです。そのため、アップでは準備運動として、これらの動きを脳に教えます。それには動的なストレッチ（P32～48参照）が、非常に効果的です。一方、止まって行う静的なストレッチは、せっかく上げた心拍数や筋温を下げてしまい、効果的とはいえません。静的なストレッチは、練習後のクールダウンに取り入れるのが理想的です。

コーディネーション能力

基本概念 コーディネーション7つの能力

　本書では、いろいろなコーディネーショントレーニングを紹介しています。このコーディネーショントレーニングは、旧東ドイツで生まれたトップアスリートを育成するためのプログラムです。その特徴は、脳で考えたことを瞬時に、神経を通して筋肉へ伝える能力が鍛えられるという、神経系に視点を置いたトレーニングであることと、複数人でトレーニングする考え方です。コーディネーショントレーニングの素晴らしいところは、一度覚えたことは一生忘れないと言われていることです。これは頭で記憶するのではなく、神経が動きを記憶するからです。最も効果的なのは、ゴールデンエイジと呼ばれる5、6歳の時期ですが、それ以上の年齢になっても、ある程度の効果が期待できます。なお、コーディネーションは下に上げた7つの能力に分類できます。

①リズム能力
イメージ通りに身体を動かすことができる

④反応能力
合図に素早く正確に反応できる

⑦定位能力
自分と相手、または物との距離を正確に把握できる

②バランス能力
身体のバランスをうまくとれる

⑤変換能力
状況に応じて身体の動きを切り換えられる

コーディネーショントレーニングのねらい
新しい動きの習得速度を上げ、パフォーマンスを向上させること。また初心者や運動が苦手な選手でも、このトレーニングにより技術を身につけやすくなる。

③連結能力
身体の様々な部分を同時に思い通りに動かせる

⑥分化能力
いろいろな用具・道具を思い通りに操作できる

身体の軸と重心の位置

基本概念

ボールを打つ時は、必ず腰をひねる動きが入ります。このときに重要なのが、身体の軸と重心の位置です。重心は丹田と呼ばれる、おへその下3寸(約9cm)辺りにあるものです。身体の軸とは、重心からまっすぐ上下に引いた線をイメージしてください。重心が身体の中心にあると、きれいな直線の軸ができます。ですが重心が前後左右にズレてしまうと、軸もきれいな直線にならなくなります。直線的な軸ができると腰の回転もスムーズになり、ボールにスムーズに力を伝えられます。本書のいろいろな練習も、身体の軸と重心の位置を意識して行うと、より大きな効果が得られます。

ラケットを持つと…

アップ

メニュー 001 ウォーキング

ねらい インナーマッスルをほぐすアップです。腕と足を大きく対角線に動かし、体軸を中心に左右へ回転させます。

人数	1人〜
時間	5分程度
道具	なし

手順

① カカトの前側に体重を乗せ、背筋を伸ばして立つ
② その姿勢のまま軽く胸をはり、ヒジを後ろに引くようにして腕を振って歩く

■ 身体の軸をつくるように立つ

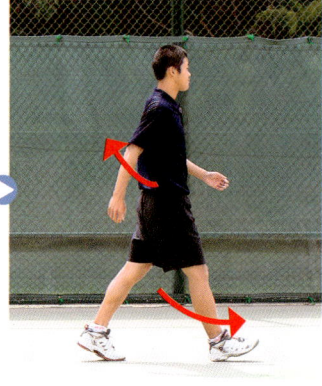
■ ヒジを中心に腕を振って歩く

指導者MEMO 身体の軸が崩れるなど、姿勢が悪いと上手く回転動作ができません。歩くことは、日常生活でいちばん多い動きです。普段から正しい姿勢ができていないと、運動でも姿勢が崩れてしまうため十分に能力を発揮できません。

アップ

メニュー 002 ジョギング

ねらい アウターマッスルをほぐしながら、心拍数を徐々に上げるアップです。

人数	1人〜
時間	10分程度
道具	なし

手順

① ウォーキングと同じように、背筋を伸ばして立つ
② 足の裏で地面を押すようにして、リズムよく走る

■ 重心の位置を意識する

■ 地面を押すように一定のリズムで走る

指導者MEMO ウォーキングよりもスピードが上がり、足の跳ね方が大きくなります。ですが姿勢はまったく同じです。ウォーキングの後にいきなりランニングをすると心拍数が一気に上がりすぎるため、必ず間にジョギングをはさみます。

メニュー003 ランニング 〈アップ〉

人数 1人〜
時間 10分程度
道具 なし

ねらい 心臓のポンプ機能を上げることで、運動に適した心拍数に上げるアップです。

手順
① ジョギングよりも歩幅とスピードを上げて走る
② スピードが上がっても、重心の位置を安定させる

肩甲骨から動かして腕を引く

必ず両足の浮いた状態をつくる

指導者MEMO 足の動きではなく、重心の移動スピードを速くします。また、腕の引きが強いほどスライドが大きくなり、力強い走りになります。なおジョギングとランニングの違いは、常にどちらかの足が地面についているか、両足が地面から離れる時間があるかです。

メニュー004 屈伸 〈アップ〉

人数 1人〜
時間 10回程度
道具 なし

ねらい 足首と、足首から伸びている筋肉のストレッチです。

手順
① 両手をヒザにそえ、ヒザを閉じて立つ
② 背筋を伸ばしたまま、カカトが浮かないようにしゃがむ

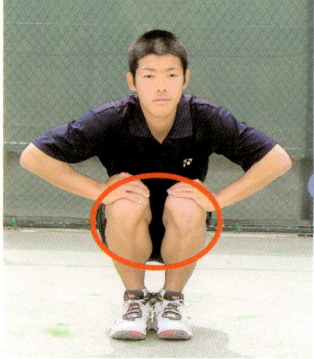
身体の軸をまっすぐにしたままし ゃがむ

後ろで手を組むとより足首が伸びる

指導者MEMO ヒザが開いたり、カカトが浮いてしまうとストレッチの効果がでません。スネの筋肉が伸びている感覚を感じながら、ストレッチをさせてください。

アップ

メニュー 005 伸脚

ねらい 脚を伸ばすことで、股関節とモモの内側（内転筋）をストレッチします。

人数	1人〜
時間	左右10回程度
道具	なし

手順
① 脚を伸ばした方の手でヒザを軽くおさえ、重心の上に背骨を乗せるように背筋を伸ばす
② 背中が丸まらないように注意しながらおしりを後ろに突きだす
③ 深く伸ばすときはヒザの内側を押さえ、股関節をしっかり開いて伸ばす

重心の上に背骨がのっているイメージを持つ

深く脚を伸ばす場合はつま先を上に向ける

指導者MEMO ヒザを押さえても効率よく筋肉が伸びません。手はそえる程度で十分です。また、深く伸ばすときはカカトが浮かないようにします。

メニュー 006 前後の開脚

ねらい 両モモの内側（内転筋）と股関節のストレッチです。股関節を開いて、重心を前後に動かします。

人数	1人〜
時間	前後10回程度
道具	なし

手順
① 左右に両脚を開いて腰を下ろす
② 前についた手を軸にして、身体を前に移動する

できるだけ脚を左右に開く

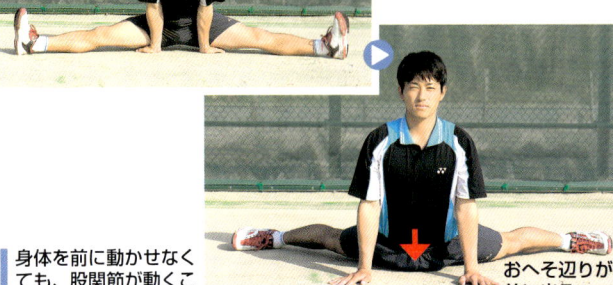

身体を前に動かせなくても、股関節が動くことを意識

おへそ辺りが前に出る

指導者MEMO ストロークに直結する動きです。この動きができれば、ラリーで左右に振られても、よいストロークで返せます。

アップ

メニュー 007 左右の開脚

人数 1人〜
時間 左右10回程度
道具 なし

ねらい 両脚を伸ばすことで、股関節周りのインナーマッスルをストレッチします。

手順
① 脚を前後に開く
② 背筋を伸ばしたまま、重心が前後に移動するように足首を動かす

背中をまっすぐに保ったまま両脚を伸ばす

前脚のヒザが曲がらないように

指導者MEMO
女性は骨盤のつくりがせまいため、内転筋が開きにくくなっています。女性は無理をしてここまで広げる必要はありません。適度な心地よさがある程度の開きでストレッチをしてください。

アップ

メニュー 008 股割り

人数 1人〜
時間 10回程度
道具 なし

ねらい 股関節の可動域を広げ、柔らかくするストレッチです。

手順
① 肩幅程度に脚を開く
② 正面を向いたまま、ヒザを90度に開いて腰を下ろす
③ 太モモの裏側から内股にかけて筋肉が伸びていることを意識する

ヒザ上を地面と平行にしてしゃがみ、ヒジをヒザの内側に当てる

上半身は軽く前傾させる

指導者MEMO
つま先とヒザを、同じ方向へ向け、ヒザが内側を向かないようにします。また必要以上にヒジでヒザを外側に押さないようにします。

アップ

メニュー 009 肩入れ

ねらい
ヒジを伸ばすことで、背中周りの筋肉をストレッチします。重心の上に背骨を乗せたまま、肩をひねります。

人数	1人〜
時間	左右10回程度
道具	なし

手順
① 股割りの姿勢をつくり、両手をそれぞれのヒザに置く
② ゆっくりと息を吐きながら右肩を内側に入れる
③ 息を吸いながら元の姿勢に戻り、吐きながら左肩を内側に入れる

上半身をひねって、肩を内側に入れる

上半身が前に倒れたり、下を向かないように

指導者MEMO
肩周辺の筋肉を柔らかくする効果があります。肩周辺の可動域が広がると、スムーズかつスピーディーに肩を動かせるようになります。

アップ

メニュー 010 肩甲骨動かし

ねらい
肩甲骨を寄せたり開いたりして、肩甲骨周辺の筋群を伸ばすストレッチです。

人数	1人〜
時間	10回程度
道具	なし

手順
① 四つんばいになる
② 背中を持ち上げるようにして肩甲骨を開く
③ 身体を緩め、背中を下げながら肩甲骨を寄せる

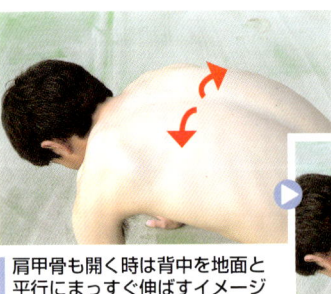

肩甲骨も開く時は背中を地面と平行にまっすぐ伸ばすイメージ

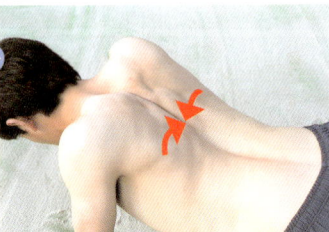

寄せる時は胸やお腹を地面に押し下げるイメージ

指導者MEMO
肩甲骨を動かすと、肩周りにあるインナーマッスルもアウターマッスルも、同時にほぐせます。また、肩甲骨を伸ばすことが目的ですので、多少背中が丸まっていてもかまいません。

アップ

メニュー 011 対角線の肩甲骨動かし

人数 1人〜
時間 左右10回程度
道具 なし

ねらい 対角線上のヒジとヒザを動かすことで、体幹と肩甲骨を伸ばすストレッチです。

手順
① 四つんばいになる
② 左手と右ヒザを寄せてつける
③ 左手と右脚を大きく伸ばす
④ 反対側の手脚も同様に行う

ヒジとヒザを寄せるときは、指先を丸める

指先やつま先も伸ばす

指導者MEMO バランスが崩れると倒れてしまいます。はじめは、ゆっくりかつ小さな動きでも結構ですので、しっかりと伸ばす動きを覚えましょう。

アップ

メニュー 012 ランジ

人数 1人〜
時間 左右10回程度
道具 なし

ねらい 股関節と太モモのつけ根を伸ばす動的なストレッチです。

手順
① 左脚を一歩踏みだしてヒザを立て、右脚を伸ばす
② 重心をできるだけ低く落とす
③ 反対側の脚を一歩踏みだし、後ろ足を伸ばす
④ この動きを繰り返して前に進む

脚を大きく開いても重心は真ん中に保つ

背筋をまっすぐに保ったまま反対側の脚を一歩踏みだす

指導者MEMO 歩幅がせまいと腰を落としにくくなります。多少バランスが不安定に思えても、歩幅を大きくした方がやりやすくなります。

メニュー013 アップ

サイドランジ（前周り・後ろ周り）

人数 1人〜
時間 前後10回程度
道具 なし

ねらい 動きながら股割りをします。
股関節のストレッチと同時にバランス感覚も養えます。

手順

① 進行方向に対して横向きになり、股割りの姿勢になる
② 進行方向側の脚を軸足にして、180度前周り（後ろ周り）で反転する
③ 反転したら股割りの姿勢に戻る
④ この動きを繰り返して前に進む

指導者MEMO 常に両ヒザの間に重心があるように意識をします。逆に重心の位置がずれてしまうと、効果のないストレッチになってしまいます。

- 反転するときは、後ろ足を高く上げる
- 着地した時点できちんと重心を真ん中に下ろす

メニュー014 アップ

対角線のランジ

人数 1人〜
時間 左右10回程度
道具 なし

ねらい 下半身に対して上半身にひねりを加えた股関節と上半身側部のストレッチです。

手順

① 片脚を一歩踏みだす
② 前ヒザを立てて、後ろ脚を伸ばす
③ 重心を下げながら踏みだした脚と反対側の手を上に伸ばす。同じ側の手で後ろ脚のカカトを触る
④ この動きを交互に繰り返して前に進む

指導者MEMO 前脚のヒザが90度よりも鋭角になると、ヒザに大きな負担がかかります。前側のカカトはヒザのお皿の下か、それよりも少し前に置くようにします。

- 片脚を一歩前に、大きく踏みだす
- 片手は高く上に伸ばし、片手はしっかりとカカトを触る

メニュー 015 つま先ハイタッチ

アップ

- 人数：1人～
- 時間：左右10回程度
- 道具：なし

ねらい
アキレス腱の反射を使いながら腱をほぐす、ジャンプの動きが加わったストレッチです。

手順
① 背筋をまっすぐにして立つ
② 右脚を前に振り上げる
③ 右脚のつま先を左手で触る
④ 左脚を振り上げ、つま先を右手で触る
⑤ この動きをリズムよく繰り返して前に進む

- 背筋をまっすぐに保ったまま脚を振り上げる
- 背筋を伸ばしたままつま先を触る

指導者MEMO
このストレッチも、背筋を伸ばしたまま行うことが重要です。ヒザが曲がったり、背筋が前に曲がってしまうと筋肉が伸びなくなります。

メニュー 016 逆脚さわり

アップ

- 人数：1人～
- 時間：前後左右10回程度
- 道具：なし

ねらい
リズムよく跳ねながら、身体の前後で左右のつま先にタッチをします。

手順
① 背筋を伸ばして立つ
② 跳ねながら左脚を前に上げ、左脚の裏を右手で触る
③ 跳ねながら、右脚を後ろに上げ、裏を左手で触る
④ 左脚を後ろに上げ、裏を右手で触る。右脚を後ろに上げ、裏を左手で触る。これをリズムよく繰り返す

- 前脚を触る時は、視線を前にして背中を丸めない
- 後ろ脚を触る時は、身体が反らないように

指導者MEMO
リズムよくできない場合は、まずは前脚だけや後ろ脚だけをさわりながら進んでみましょう。それぞれの動きに慣れたら再び挑戦します。

アップ

メニュー 017

サービスラインでのキャッチボール

人数	2人〜
時間	2分程度
道具	なし

ねらい 左右の手で交互にボールを投げることで、肩を慣らしながらボディーバランスを鍛えます。

手順
① お互いにボールを1球ずつ持ち、サービスラインに立って向かいあう
② 同時にボールを投げる
③ 1球目を右手で投げたら、2球目は左手で投げる

指導者MEMO 利き手ではない手で投げる時も、できるだけ相手の正面に投げていきます。

テンポよく同時に投げる

アップ

メニュー 018

ベースラインでのキャッチボール

人数	2人〜
時間	2分程度
道具	なし

ねらい 大きなフォームで、より遠くに投げることで、さらに肩周りや股関節の動きを滑らかにしていきます。

手順
① ベースラインで向かいあう
② 助走をつけ、軸足に体重を乗せて大きく振りかぶる
③ 前脚に体重を移し、視線を前に向けたまま投げる
④ 1球目を右手で投げたら、2球目は左手で投げる

指導者MEMO 遠くに投げようとするだけでは力んでしまいます。肩周りと股関節を大きく動かすことを意識して投げます。

しっかりと体重を移動しながら投げる

アップ

メニュー 019 ステップをしながらキャッチボール

ねらい 脚のステップを常に止めず、スピードボールを投げ合います。この動きで、ストロークで使う筋肉をほぐします。

- 人数：2人〜
- 時間：2分程度
- 道具：なし

手順
① どちらかがボールを持ち、サービスラインに立って向かいあう
② 投げる側は相手を左右に揺さぶるボールを投げる
③ キャッチする側はボールの正面にステップして捕る

常にステップをしながら動き、素早くキャッチし素早く投げる

指導者MEMO ステップを踏むときやボールを投げる時も、身体の軸が崩れないように意識します。

アップ

メニュー 020 ボールを転がすキャッチボール

ねらい 素早くステップを踏み、常に自分の正面でボールを捕る準備運動です。

- 人数：2人〜
- 時間：2分程度
- 道具：なし

手順
① 3m程度、間をあけて立つ
② 投げる方は左右に不規則にボールを転がす
③ 捕る方は、ボールの正面にステップし、腰を落として捕球する

中腰姿勢でステップし、素早くボールの正面に移動する

指導者MEMO ステップは中間姿勢ですが、捕る時は重心を起点にして腰を真下に下ろします。

メニュー 021 アップ
アジリティ①
基本姿勢（小刻みなステップ）

ねらい 反応速度を高めるアジリティの基本姿勢を覚えます。最終的にはアジリティ①から⑤の動きを組み合わせます。

人数	2人〜
時間	全部で10〜20分
道具	なし

手順
① 選手と指示者は、5mほど距離をあけて向かいあう
② 選手は、中腰姿勢をつくって立つ
③ 選手はその場で小刻みにステップを踏み、指示者の指示と同時に素早く動く
④ アジリティ①〜⑤を組み合わせて10〜20分行う

- 手を合わせて両親指を立てた状態が、指示者の基本のかまえ
- 選手はその場で小刻みにステップして、指示を待つ

指導者MEMO 小刻みステップはアジリティの基本動作です。指示者は、相手が一度ステップに戻ってから次の合図をだします。

メニュー 022 アップ
アジリティ②
切りかえし動作

ねらい 上半身の軸を崩さずに、指示がでた方の脚を素早く斜め前方にだします。

人数	2人〜
時間	全部で10〜20分
道具	なし

手順
① 背筋を伸ばして立つ
② その場で小刻みにステップをして合図を待つ
③ 左右どちらかの合図がでた側に一歩ステップする
④ 元に戻って小刻みにステップをする

- 基本のかまえから、どちらかの親指を横に倒す
- 指が倒れた方の脚を一歩、斜め前にだす

指導者MEMO 反応速度を高めることがねらいです。スピードについてこれない場合は、指示をだすタイミングを遅らせ、スピードを調整します。

アップ

メニュー 023 アジリティ③ サイドステップ

人数 2人～
時間 全部で10〜20分
道具 なし

ねらい
身体の軸を安定させたまま、指示がでた方向に素早くサイドステップをします。

手順
① 小刻みにステップをして合図を待つ
② 左右どちらかの合図がでた側に1歩ステップをする
③ 元に戻って次の合図を待つ

- 基本のかまえから、ステップする方の手を横に開く
- 反復横跳びのように、素早く横に脚をだす

指導者MEMO
身体全体の軸が、だした脚と反対側に傾いてしまうと効果がありません。体の軸をまっすぐにしたまま、素早く横に脚をだします。

アップ

メニュー 024 アジリティ④ ジャンプ

人数 2人～
時間 全部で10〜20分
道具 なし

ねらい
合図がでたらジャンプをします。
この動きは、アキレス腱と筋肉に収縮力を与えます。

手順
① 小刻みにステップをして合図を待つ
② 合図がでたら頭の高さを変えずに、ジャンプして両手に両ヒザをつける
③ 着地したら小刻みにステップして次の合図を待つ

- 基本のかまえから、両方の手のひらを上に向ける
- 頭や腰の位置を変えず、コンパクトにジャンプする

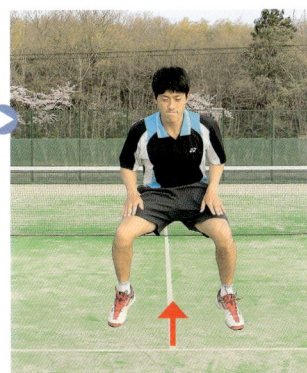

指導者MEMO
アジリティには、アップ全体の運動量を調整する役割もあります。アップの量や選手の汗のかき方で、アジリティの時間を調整します。

メニュー 025 アジリティ⑤ バーピー

アップ

人数	2人〜
時間	全部で10〜20分
道具	なし

ねらい　合図がでたら瞬間的に腰を落として両手と両脚を伸ばします。敏捷性を鍛える全身運動です。

基本のかまえから、両手の手のひらを下に向ける

視線は合図の手を見たまま、素早く腕立て伏せの姿勢をつくる

手順
① 小刻みにステップをして合図を待つ
② 合図がでたら両脚をそろえて立つ
③ 素早くしゃがみ、両手を地面に着く
④ 両脚を後方に伸ばして腕立て伏せの姿勢をつくる
⑤ 素早く両脚を戻してジャンプし、元の姿勢に戻る

指導者MEMO　腕立て姿勢の時に下を向いてしまうと次の指示が見えず、次の動作が遅れてしまいます。常に前を向くことを意識します。

メニュー 026 ラダー① モモ上げ

アップ

人数	1人〜
時間	1分程度
道具	なし

ねらい　敏捷性や空間認知能力を養う、ラダーを使ったトレーニングです。

肩甲骨の動きも意識する

前　横

手順
① ラダーの前で立つ
② ヒジを曲げ、後ろに引くように腕を振る
③ ヒザが90度に曲がる程度にモモを上げ、片脚ずつ1つの同じマスに入れる
④ これをリズミカルに行い、一気に駆け抜ける
⑤ 横向きでも同様に行う

指導者MEMO　走る動きですので、肩甲骨を動かすことを意識し、背筋を伸ばします。軸足のヒザを曲げずに、お尻の穴をしめてモモを上げます。

アップ

メニュー 027 ラダー② ランジ

ねらい 身体の連動を意識しながら空間認知能力を養う、ラダートレーニングです。

腕振りもしっかり行う

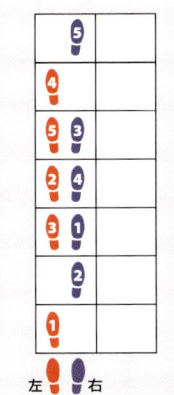

- 人数：1人～
- 時間：1分程度
- 道具：なし

手順
① ラダーの手前に立ち、3マス前に右脚（🦶）、1マス前に左脚（🦶）を置く
② ジャンプをし、左脚は3マス前（🦶）に、右脚は1マス後ろ（🦶）にそれぞれ着地
③ これを繰り返して進む

指導者MEMO　脚を動かすと手が動かなくなる選手が多く見受けられます。このトレーニングも、足を1マスずつ動かすことに意識しすぎて手がおろそかになることがないようにしましょう。

メニュー 028 ラダー③ ジャンプ股割り

ねらい ジャンプ後の着地で股割りの姿勢をつくり、大きな負荷をかけて股関節を伸ばすストレッチです。

両脚の真ん中に上半身が位置するように

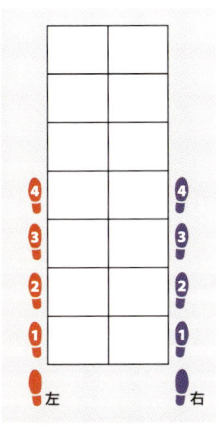

- 人数：1人～
- 時間：1分程度
- 道具：なし

手順
① ラダーをまたいで立つ
② 高くジャンプをする
③ 1マス進んで股割りの姿勢で着地する
④ これを繰り返して前に進む

指導者MEMO　着地したときに、股関節がクッションになるような感覚が持てることが理想的です。なお、ジャンプでは、脚をまっすぐ伸ばします。

アップ

メニュー 029 ラダー④ サイドジャンプ

ねらい 高くジャンプすることでアキレス腱の反射を鍛えるラダートレーニングです。

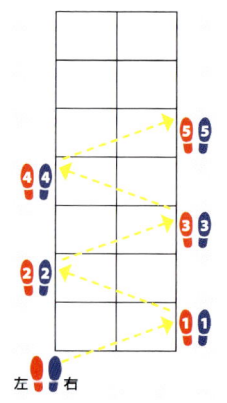

ジャンプ中の姿勢も身体の軸を意識する

人数 1人～
時間 1分程度
道具 なし

手順
① 枠の外に立つ
② ジャンプしながら反対側の枠の外へ移動する
③ これをリズミカルに繰り返して進む

指導者MEMO リズムとバランスとタイミングの3つがそろうと、高くジャンプできます。

アップ

メニュー 030 ラダー⑤ クロスステップ

ねらい 上半身の軸を動かさずに、下半身だけを動かしていくラダートレーニングです。

脚を大きく振り上げる

人数 1人～
時間 1分程度
道具 なし

手順
① 枠の外に立つ
② 左足をラダーの1マス目に置く
③ 次に、右足を1マス先の枠外に置く
④ これをリズミカルに繰り返して進む

指導者MEMO 上半身が左右に振れないよう、身体の軸を意識し、上半身は常に前に向けておきます。

アップ

メニュー 031　ラダー⑥ イン&アウト

人数 1人〜
時間 1分程度
道具 なし

ねらい 敏捷性を鍛え、高めるラダートレーニングです。

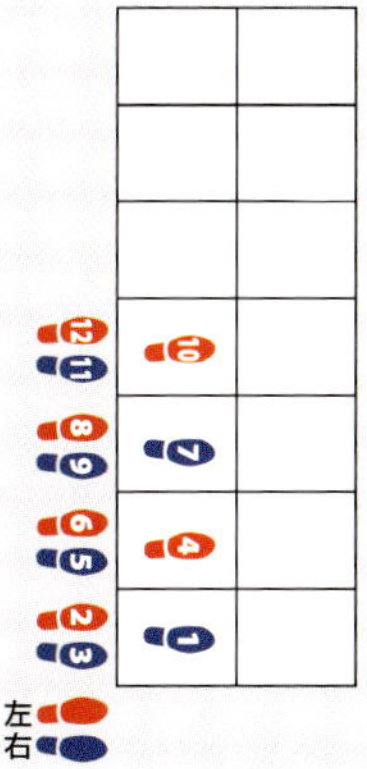

手順
① ラダーに向かって枠外に立つ
② 右足を枠内に置く
③ 次に、枠の外で左右の足をステップする
④ 次に、左足を枠内に置く
⑤ これを繰り返して横向きのまま前に進む

指導者MEMO ステップができない場合や動きがわからない場合は、まずはゆっくりと動いてみましょう。それができたら、徐々にスピードを上げていきます。

▍上半身が左右にぶれないように

メニュー 032　ラダー⑦ 中中外外

人数 1人〜
時間 1分程度
道具 なし

ねらい 敏捷性と判断力を鍛えるラダートレーニングです。

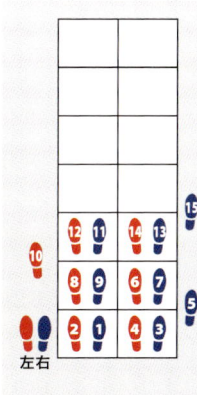

手順
① 左側の枠の外に立つ
② 1マスずつ右足からステップして右へ移動する
③ 右足を枠外に置く
④ 次に、左足からステップして左へ移動する
⑤ 左足を枠外に置く
⑥ これを繰り返して前に進む

指導者MEMO 素早く細かいステップする時も、姿勢をまっすぐに保つことと、肩甲骨を大きく動かして脚を動かすことを意識しましょう。

▍足元を見ず、常に前を向く

アップ

メニュー 033 ラダー⑧ 中外サイド

人数 1人～
時間 1分程度
道具 なし

ねらい より複雑な動きの中で敏捷性を鍛えるラダートレーニングです。

脚をクロスするときも重心を真ん中に保つ

手順
①左側の枠外に立つ
②左脚を左側のマスに置く
③次に、右脚を隣のマスに置く
④次に左脚を枠の外にだす
⑤次は右脚から枠側へ動かす
⑥これを繰り返して前に進む

指導者MEMO ステップが難しくなると空間の認知が難しくなります。できるだけ足元を見ずに、目線を前に向けましょう。

アップ

メニュー 034 ラダー⑨ 中外前後

人数 1人～
時間 1分程度
道具 なし

ねらい さらに複雑なステップをすることで、より敏捷性を高めるラダートレーニングです。

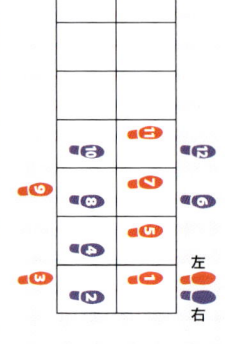

足先が常に正面を向いているように

手順
①ラダーに背を向け、枠の外に立つ
②左脚から1マスずつ後ろにステップする
③左脚を枠の外に置く
④次に、右脚から1マスずつ前にステップする
⑤右脚を枠の外に置く
⑥これを繰り返して前に進む

指導者MEMO 脚も常に前へ向けておきます。脚が左右に向いてしまうと、つられて骨盤が開いてしまい、その結果身体まで左右を向いてしまいます。

第2章
基本動作
Basic Skill

ソフトテニスの基本となる、
グリップと待球姿勢、ステップを紹介します。
基本動作をしっかりと覚えて、
技術の向上につなげましょう。

グリップの握り方

基本概念 3つのグリップの握り方

■ **ウエスタングリップ** ・・・・・・ 基本的な握り方

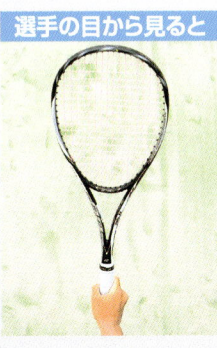

選手の目から見ると

ウエスタングリップは、地面とラケット面が平行な状態で握る

■ **イースタングリップ** ・・・・・・ サービスなどで使う握り方

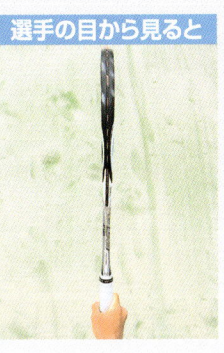

選手の目から見ると

イースタングリップは包丁を握るような持ち方をする

■ **セミイースタン** ・・・・・・ サービスやスマッシュで使う握り方

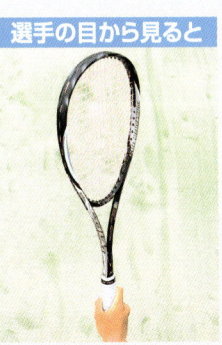

選手の目から見ると

セミイースタングリップは、ウエスタングリップとイースタングリップの中間の握り方をする

間違ったグリップの握り方を覚えてしまうと、後のちの矯正が難しくなります。また、グリップの握り方次第で、素質のある選手でも技術が伸びないこともあります。ですから、一番初めに覚えたグリップの握り方が非常に大事になってきます。ソフトテニスには大きく分けて、ウエスタン、イースタン、セミイースタンといった3つのグリップの握り方があります。ここではまず、それぞれの握り方の特徴や、どのように使うのかを説明していきます。

POINT①
それぞれの握り方と特徴

ウエスタングリップは、地面に対して平行にしてラケット面をフラットのまま握る、ソフトテニスでは基本的な握り方といえます。スイングしたときにラケットの面が地面と水平になりやすいので、ストロークやボレーにも適しています。イースタングリップは、自分の体に対してラケット面を直角にして握ります。ボールに回転をかけやすいスイングになるので、サービスのときに使うことが多くあります。セミイースタングリップは、ウエスタングリップとイースタングリップの間を握ります。手首の可動域が広いので、サービスやスマッシュなど、打点が高いボールを打つときに使います。

POINT②
初心者はウエスタンが基本

初心者は、ラリーやステップなどの動作に必死になってしまうため、握り方まで気が回せない場合がほとんどです。ですので、まずは正しいウエスタングリップの握り方を覚え、すべてのショットとサービスをウエスタングリップで打つとよいでしょう。また、女子選手の多くは、筋力的にイースタングリップで握ることが苦手です。そのため、スマッシュやサービスでは、セミイースタングリップで握る選手も多く見られます。人はそれぞれ骨格や筋肉のつき方が違うため、この握り方でないといけないということはありません。まずは自分が打ちやすい持ち方で、正しく握ることから覚えましょう。

POINT③
ショットに応じて握りを変える

中級者になると、サービスやスマッシュなど、ショットに応じてグリップを持ち変える必要がでてきます。そのためには、ボールを見て瞬時に自分がどのようなショットを打ちたいのかという判断力も重要です。ウエスタンが適しているのは、フォアハンドとバックハンドのショット全般とボレーですが、低いボールは打ちにくくなります。イースタンは、サービスやフォアハンドでスライス回転をかけるショット、バウンドの低いボールに回転をかけやすい特徴があります。セミイースタンは、スマッシュやサービスなど、手首を使うショットに適していますが、バックハンドには向いていません。

技術解説 ストロークの構えと待球姿勢

POINT 1 ラケットはおへその前

POINT 2 足は肩幅より広めに

正面から

ポイントを抑えるとこのように動ける

フォアとバックの両方の打ち方に対応するためには、身体の真ん中に構えるのが理想的

ココに注意 NG 待球姿勢で、ラケットをフォアハンド側やバックハンド側へ向けていると、自分が構えている方向の逆サイドにきた場合に、1テンポ反応が遅れたり、反応できなくなってしまう。

ある程度足を開くと、身体の真ん中に重心の位置を置きやすくなる

ここではストロークの際の構えと待球姿勢を紹介します。特に変わってきたのが、常にラケットをおへその真っ正面で構えることです。以前のソフトテニスはダブルスが中心でした。そのため、バックハンド側に打たれてもフォアハンド側に回りで打つため、多少フォア側にラケットを向けておく選手もいました。ですがシングルスで戦うことも増えてきた現在では、バックハンドにも瞬時に対応するため、身体の真ん中にラケットをおくことが最良の構えとなっています。

POINT 1 つま先側に体重を乗せる

POINT 2 ヒザを曲げる

横から

ポイントを抑えるとこのように動ける

つま先に体重を乗せることで、前後左右や斜めへの動きがスムーズになる

ココに注意 NG 足裏全体やかかと側に体重を乗せてしまうと、動きだす際に1テンポも2テンポも遅れてしまう。また素早く足をクロスする、ソフトテニス独特の動きだしも行いづらくなる。

ヒザが伸びているとスタートが遅れるため、ヒザを曲げて動きやすい姿勢を作る

アップ / 基本動作 / ストローク / サービス / レシーブ / ボレー / スマッシュ / フォーメーション / シングルス

構えと待球姿勢②

技術解説 ネットプレーの構えと待球姿勢

| POINT 1 | スタンスは肩幅 | POINT 2 | 足裏全体に体重 |

全身の動き

バランスよく柔らかく動くために、肩幅のスタンスをとる

足裏全体をしっかりと地面につけて軽くヒザを曲げ、リラックスした待球姿勢を作る

ネットプレーの構えでは、速く動くための構えではありません。バランスよく柔らかく動けることが重要です。そのためストロークでは肩幅よりも広く両脚を開きますが、ネットプレーでは、肩幅くらいのスタンスをとります。ヒザを緩めた待球姿勢はストロークと同じですが、リラックスしてボールに反応するために、足裏全体を地面につけておきます。またラケットですが、右利きの場合は、右手を右脚の前あたりに、左手を右ヒジの前に添えるようにして構えます。

| POINT 1 | ラケットは高すぎず低すぎず |
| POINT 2 | 扇状に動かす |

ラケットの動き —扇の動き—

ラケットが高すぎると、自分の視界をじゃまする。また低いとボールへの対応が遅れる。適度な高さで

扇を描くように手首を柔らかく動かし、ラケットの向きを決める

055

技術解説 ステップ

| POINT 1 | ラケットはおへその前 | POINT 2 | 足は肩幅より広めに |

横へのステップ（フォアハンド側）

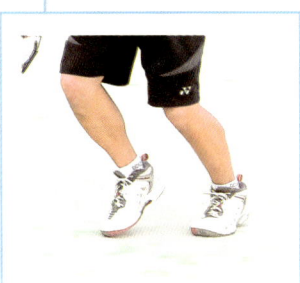

軸足となる右脚を小さく1歩、前にだす

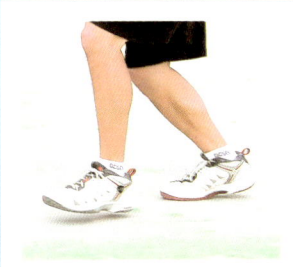

右脚の前に左脚をクロスさせ、素早くバランスよく移動する

ココに注意 NG
右利きの選手が左脚からステップしてしまうと、身体が傾いてバランスを崩しやすくなる。また、頭の高さが変わるため、ボールの位置や高さを把握しにくくなる

横への移動はクロスステップと呼ばれるステップを使います。このステップの特徴は、視線の高さがブレにくく、身体のバランスを保ちやすいことです。また、前への移動は、フォアハンドで取る場合は利き脚側、バックハンドで取る場合は利き脚と反対側の脚でスタートします。ステップしてボールに近づいたら、かかと側でステップして軸足をセットします。かかとからステップすることでヒザが曲がり、重心を前に移しやすくなります。

POINT 1 軸足ステップ
POINT 2 上体はまっすぐ
POINT 3 つま先からかかとへ

前へのステップ（フォアハンド側）

右利きの場合は、軸足である右脚で1歩目を踏みだす

前かがみになると体勢を崩しやすいので、上体を起こしたまま移動する

ステップ中はつま先側に体重を乗せるが、軸足をセットするときはカカト側に乗る

握り方

メニュー 035 ウエスタングリップ

人数 1人
時間 ──
道具 なし

ねらい ラケット面を身体に対してフラットに持つ、ウエスタングリップの握り方を覚える練習です。

■ 身体に対して並行にラケットを持って握る

■ プレーヤーから見るとこのような握りになる

NG グリップを横から握るとラケット面が内側を向いてしまう

NG ラケット面が内側に入るとワキがあき、ヒジが外側を向いてしまう

手順

① 顔の前にラケット面が平らになるようにラケットを持つ

指導者MEMO
この持ち方でラケットを握ったときに、ヒジを固定して力を入れずにラケットを扇型上に動かします。その時、ラケット面がフラットのまま動けば、それが正しいウエスタングリップの握り方です。

One Point! アドバイス
中学や高校で出会うソフトテニスの経験者でも、握り方ができていない選手たちがいます。握り方は全ての技術の土台になるものです。全ての指導者が、いちばん初めにしっかりと教える技術だと思います。

握り方

メニュー 036

イースタングリップと
セミイースタングリップ

👤 人数　1人
🕐 時間　——
🧰 道具　なし

ねらい　ボールに回転をかけやすいイースタングリップと、高い打点を打ちやすいセミイースタングリップの握り方を覚えます。

イースタン

イースタングリップは包丁を持つように握る

セミイースタン

セミイースタンは手首を内側に入れて握る

NG 横から握って手首を返さないように注意

NG 正しいのは、イースタンとウェスタンの中間を握ること。反対側の中間を持たないように

手順

イースタン
① 身体に対し、ラケットを直角に立てる
② そのままラケットを握る

セミイースタン
① 身体に対し、ラケットを45度に向ける
② そのままラケットを握る

指導者MEMO
イースタンは、フレームの外側を包丁の刃と見立て、包丁でキャベツを切るイメージで握るようにします。セミイースタンは、ウエスタングリップとイースタングリップの握りの中間を握ります。

One Point! アドバイス
握り方がよくないと、正しい技術が身につかなくなります。また、ヒジが手首に大きな負担をかけることもあり、その結果ケガにつながることもあります。今一度、ラケットの握り方を確認してください。

059

握り方

メニュー 037 グリップを握る力の入れ方

人数 1人
時間 ―
道具 なし

ねらい 様々なショットを打ちやすくするために、グリップへの力の入れ方を調整します。

4本持ち

- 中指から小指までの3本で持つ
- インパクト時は親指を含めた4本で握る 

2本持ち

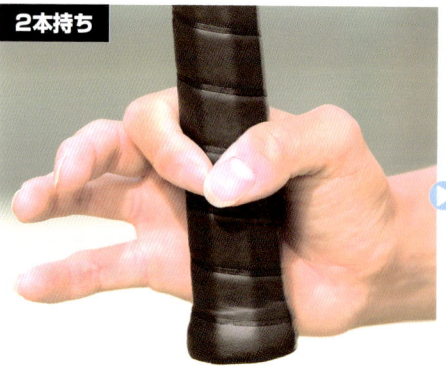

- 親指と人差し指でグリップを握る
- インパクトの瞬間は、中指、薬指、小指にも軽く力を入れ、ハンマーを持つように握る 

手順

4本持ち
① 中指、薬指、小指でグリップを持つ
② インパクトの瞬間、3本の指に力を入れる

2本持ち
① 親指と人差し指でグリップを握る
② インパクトは5本指で握り、ラケットヘッドを遅らせて打つ

指導者MEMO ストロークでもボレーでも、グリップは卵を握るくらいの強さで握ります。ウエスタングリップで引っ張るときには4本持ちで持つとラケットヘッドが走りやすく、流すときは2本持ちで3本指を添えることで、ボールに負けないように打てます。

ステップ

メニュー 038 クロスステップ

人数: 1人
時間: ――
道具: なし

ねらい
バランスよく素早く左右に移動する練習です。
視線の高さがブレにくい、クロスステップを覚えます。

- 身体をボールへ向けながら、前足に体重を乗せる
- 左足をクロスさせて前にだし、ステップする
- 右足に体重を乗せ、打つ姿勢を作る
- ❌NG 右足からステップをはじめると、視線の高さがブレてしまう

手順

① ストロークの待球姿勢からフォアハンド側（右）へ移動するために、小さく右足を1歩右へ踏みだす
② 1歩目の右足の前に左足をクロスさせ、右へクロスステップで移動する
③ 同様に、バックハンド側も行う

指導者MEMO
バスケットボールでは、横へ素早く移動するためにサイドステップをします。ですがソフトテニスでは、目線が前後するサイドステップは使わず、素早くバランスのよいクロスステップを使います。

コーディネーション

メニュー 039　左右にペッパー

人数 2人
時間 左右20回×2セット
道具 なし

ねらい　重心を身体の真ん中に置いたまま、左右へ素早く動くコーディネーショントレーニングです。

- コーチと向かい会い、待球姿勢で構える
- 待球姿勢では、重心を身体の真ん中に置く 
- 重心の位置を真ん中に置いたまま、ステップして捕る 
- 前のめりになって、重心が前に崩れるのはNG（NG） 

手順

① コーチと向かい合って立つ
② コーチは左右どちらかにボールを投げる
③ 選手は重心がぶれないように左右に移動し、ボールを捕る
④ コーチに返球し、待球姿勢に戻る
⑤ この動きを左右20回、2セット行う

指導者MEMO
重心の位置が崩れると、手打ちになったり、素早く次の動作に移れなくなります。どのように動いても、常に重心の位置を身体の真ん中に置くことで、手打ちや動作の遅れがなくなってきます。

コーディネーション

メニュー 040 前後にペッパー

- 人数: 2人
- 時間: 前後20回×2セット
- 道具: なし

ねらい 前後に動いたときも重心の位置を崩さないようにするコーディネーショントレーニングです。

■ コーチは選手の前後にボールを投げる

■ 重心ごと前に移動してボールを捕る

■ 重心ごと後ろに移動してボールを捕る

×NG

■ 身体があおられると重心の位置が崩れてしまう

手順

① コーチと向かい合って立つ
② コーチは前後どちらかにボールを投げる
③ 選手は前後に移動し、ボールを捕る
④ コーチに返球。コーチは同時に次のボールを投げる
⑤ この動きを前後20回、2セット行う

指導者MEMO コーチの投げる方向やリズムが一定になってしまうと、同じことを繰り返す意味のない練習になってしまいます。コーチは投げる方向を変えたり、繰り返したり、ボールのスピードを変えたりして、常に選手の姿勢を崩すつもりで投げます。

コーディネーション		
メニュー 041	**移動素振り**	人数 1人 / 時間 10回（コートの幅1往復） / 道具 なし

ねらい 下半身を落としてスイングすることで、身体の軸を安定させて動けるようになる練習です。

- 腰を落とした姿勢のまま、右足を大きく前にだす
- 右足体重を乗せて構えはじめる 
- 腰の高さを変えずにラケットを振りかぶる 
- 腰の高さを変えずにスイングし、再び右足を前にだす 

手順
① 股関節を直角にし、腰を落とす
② 足をクロスさせて、1歩前に進む
③ ラケットを構え、ボールを打つ
④ この動きを繰り返しながら前に進む

指導者MEMO ヒザを曲げて打つようにアドバイスしても、なかなか打てないものです。日頃から、大きく腰を落とした状態の身体の使い方を練習することで、試合でも同じような姿勢で動けるようになります。

コーディネーション

メニュー 042

ジャグリング（お手玉）右手／左手／同時

人数	1人
時間	3分
道具	最大でボール4球

ねらい ボールとの距離感を意識して、リズムよく投げたり取ったりするコーディネーショントレーニングです。

- 利き腕で、リズムをとりながらジャグリングをする
- 利き腕ではない側の手で行う。身体全体でリズムをとる 
- 両手それぞれに2球ずつ持ち、ジャグリングをする 

手順

① 右手だけで2個のボールをジャグリング（お手玉）
② 左手だけで2個のボールをジャグリングをする
③ 右手、左手両手でそれぞれ2個ずつのボールをジャグリングをする
④ それぞれ1分程度ずつ行う

指導者MEMO
利き腕だけではなく、利き腕→利き腕の逆→両手と負荷をかけていきます。ボールを一定の力で投げる、取るという2つの動きと、ボールを見ながら距離感をつかむという動きを同時にできるかが重要です。力を抜いてリズムを取る動きがスムーズなラケットさばきにつながります。

コーディネーション

メニュー 043 ボール2個交互打ち

人数 1人
時間 1分
道具 ボール2個

ねらい ラケットを素早く動かし、微調節しながらボールをコントロールするコーディネーショントレーニングです。

| 片方のボールを打ち、もう一つのボールもラケットに当てる | 姿勢を保ったままボールを交互に打つ。視線は一定の高さを見る | 落下点が乱れても、手首だけで対応する |

手順

① ボールを2個持ち、ラケットを構えて立つ
② ボールを交互に打ち続ける
③ これを1分ほど繰り返す

指導者MEMO

ボールを打つ動きと手首でのラケットコントロール、ボールの位置を把握することと姿勢を保つこと。これらの動きを同時に行います。ある程度できるようになったら、ボールを3個に増やしてみましょう。

コーディネーション

メニュー 044

ボール3個での ジャグリング（お手玉）

人数	1人
時間	3分
道具	ボール3個

ねらい 距離感をつかんで3個のボールをコントロールする力を養うコーディネーショントレーニングです。

ボールを上げてジャグリングをはじめる

常に同じ高さに上げ、視点はボールが上がる位置を見続ける

左右の手をリズムよく、交互に動かすことが大事

手順

① 3個のボールを左右の手に持つ
② 両手を使ってジャグリング（お手玉）
③ この動きを3分ほど続ける

指導者MEMO ボールがいちばん高くなる辺りを見続けます。ボールが落ちてくる所を見ると上手くできません。コツは、ボールを上げる高さと力の入れ具合を一定にし、身体全体でリズムをとることです。

コーディネーション

メニュー 045 ボール3個でのジャグリング（ボールつき）

人数	1人
時間	3分
道具	ボール3個

ねらい 力の入れ具合を調節して3個のボールをコントロールする、コーディネーショントレーニングです。

- 待球姿勢で構える
- 左右交互にボールを地面に当てる。視線はボールが当たる場所を見ておく
- 一定の場所にリズムよく当ててバウンドさせる

手順

① 3個のボールを持ち、待球姿勢で構える
② 左右交互にボールをバウンドさせる
③ この動きを3分続ける

指導者MEMO ボールを上げるのではなく、地面にバウンドさせて、3個のボールをコントロールします。バウンドさせる力具合や跳ねて戻ってくるスピードを瞬時につかむことが重要です。この練習でも、見ている場所が重要です。常にボールが地面に当たる場所を見ておきます。

メニュー 046　コーディネーション

壁当てジャグリング（お手玉）

人数	1人
時間	1分
道具	ボール3球

ねらい　待球姿勢を保ちながら、下半身のバランスをとるコーディネーショントレーニングです。

手順
① ボールを3球持ち、壁に向かって立つ
② ボールを壁に当ててジャグリング（お手玉）
③ これを1分程度続ける

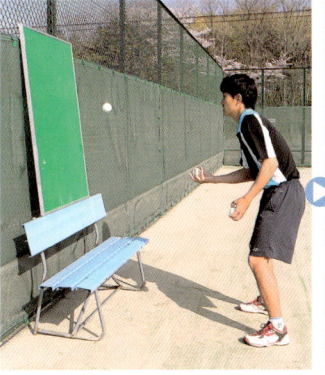

- 壁に向かって待球姿勢を作り、下からボールを投げる
- 3球のボールを交互に壁に当て、ジャグリングをする

指導者MEMO　待球姿勢をとり、下半身をバランスよく、かつリズミカルに動かします。1点を見ながら、常に3球を視野の中に入れます。壁と自分との距離感を認識し、同じ力で当ててないとうまく続けられません。

メニュー 047　コーディネーション

バランスボード上でジャグリング（お手玉）

人数	1人
時間	1分
道具	バランスボード、ボール3球

ねらい　ジャグリングをしながら下半身のバランス力を養うコーディネーショントレーニングです。

手順
① ボールを3球持ち、バランスボードに乗る
② その状態でバランスを取りながらジャグリングをする
③ これを1分程度続ける

- バランスをとりながらジャグリングする
- 視点は1点を見つめたまま、ボールを上げる

指導者MEMO　バランス維持だけに集中すると、上手くできません。バランスとジャグリングの両方の動きが必要です。実戦でも相手を見ながら、動いて打ちますが、この練習では2つ以上の異なった動きを同時にするトレーニングになります。

メニュー 048 トス&サイドステップ

人数 2人
時間 3分
道具 ボール2個

ねらい ステップしながら、相手の動きにあわせてトスとキャッチを同時に行うコーディネーショントレーニングです。

手順
① お互いにボールを1個ずつ持ち、向かい合って立つ
② サイドステップをしながら同時にトスをし、相手からのボールをキャッチする
③ この動きをコート間2往復程度続ける

お互いにボールを持ち、サイドステップと同時にボールをトスする

相手のボールをキャッチしたら、再度ステップをしながらトスをする

メニュー 049 ラインタッチ

人数 1人〜
時間 3分
道具 なし

ねらい ラインにタッチして戻る動きを繰り返す、コーディネーショントレーニングです。瞬発力と持久力、敏捷性が鍛えられます。

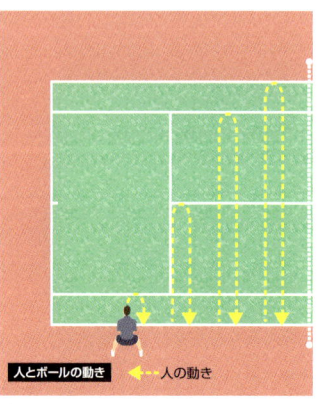

手順
① コートサイドに立つ。全力でダッシュする
② 合図と同時にスタートし、手前のラインまでダッシュする
③ ラインについたら反転し、ダッシュでスタートラインまで戻る
④ この動きを設定したゴールまで続ける

しっかりと腰をさげてラインにタッチする

人とボールの動き　人の動き

トレーニング

メニュー 050 ラインダッシュ

人数	1人〜
時間	10分〜
道具	なし

ねらい 全力ダッシュでラインを往復し、瞬発力と持久力、敏捷性を鍛えるコーディネーショントレーニングです。

手順

① コートサイドに立つ。全力でダッシュする
② 合図と同時にスタートし、手前のラインまでダッシュする
③ ラインについたら反転し、ダッシュでスタートラインまで戻る
④ できるだけ、全てのコートを使って行う

One Point! アドバイス

全力で何往復もダッシュをする、とてもハードなトレーニングです。このようなハードな練習の前には、事前に選手たちの体調をチェックし、危険がないように注意してください。

できるだけ、全てのコートを使って行う

合図と同時に全力でスタートする 　　ラインを踏むまでダッシュする

トレーニング

メニュー 051 スパイダー

- 人数: 1人
- 時間: 5分
- 道具: カゴ、ボール5個、マーカー5個

ねらい　全てのボールをダッシュして回収します。
瞬発力と持久力、敏捷性、判断力が鍛えられます。

このようにセッティングをする。どの順のボールを取ってもよい

手順

① 左の写真のようにスタート地点にカゴを置き、他5カ所にマーカーとボールを置く
② 合図と同時にスタートし、いずれかのボールを全力で取りにいく
③ ボールを取ったらスタートまでダッシュし、カゴにボールを入れる
④ 再び他のボールへ向かってダッシュする
⑤ この動きを全てのボールをカゴに入れるまで続ける

- 合図でいずれかのボールを取りにいく
- なるべく足を滑らせずに止まり、腰を落としてボールを取る 
- カゴにボールを入れたら止まらずに次のボールを取りにいく 

指導者MEMO　どこにボールが残っているのかを考えながら全力で動く、非常に高度なトレーニングです。ポイントは、なるべく足を滑らせないで止まること。これは、サーフェス（コートの素材）が変わっても同じように動ける土台になります。

ココに注意 NG　何も考えずに走っていると、すでに取ってしまったところへ向かってしまいます。全力疾走の中でも、常に頭で自分の行動を先読みしていくことが重要です。

第3章
ストローク
Stroke

ストロークはソフトテニスで
もっとも多く使われる基本的なショットです。
特性を理解して、
状況に合わせたストロークを打てるようにしましょう。

サイドストローク

技術解説 ストロークの基本 (サイドストローク)

POINT 1	打球地点へ移動し、軸足のヒザにためをつくる
POINT 2	軸足から体重を移動しながらスイングに入る
POINT 3	体重を前脚に移動しながら、腰の回転でスイングに入る

軸足設定（テークバック）
素早くボールを打つ地点に移動と同時にテークバックを終える

スイングの開始
ためを作った軸足から、前脚に体重を移動しながらスイングをはじめる

体重移動
体重を前脚に完全に移動したら、腰の回転を使ってスイングに入る

ストロークの基本が、サイドストロークです。腰の高さ辺りでボールを打つこの打ち方は、もっとも多く使います。サイドストロークのポイントは、ボールの地点に素早く移動することと、コンパクトに構えることです。まずは素早く軸足の位置を決めて、ヒザに力をため（軸足設定）同時に、ラケットを振りかぶります（テークバック）。その後軸足の体重を前脚に移します（体重移動）。腰の辺りでボールを打ち、ラケット面をフラットのまま振り切ります（フォロースルー）。

POINT 4	軸足を蹴りながらインパクトする。ラケット面は縦面になる
POINT 5	腰を中心に身体を回転させてフォロースイング。ラケット面は横面
POINT 6	つま先を前に向けてスイングを終える。ラケット面は立ててぬく

インパクト
インパクト時、軸足を後ろに蹴ることで、腰がスムーズに回転し、よりスピードあるボール

フォロースルー
ラケット面がフラットになるようにスイングする

ヒザを送る
前脚のつま先を前に向けると、スムーズにヒザを前に送れる

技術解説 アンダーストローク

POINT 1	POINT 2	POINT 3
前のめりにならないように移動して構える	サイドストロークよりもコンパクトに体重を移動してスイング	ボールがネットを超えるように、下から上へと振りぬく

アンダーストロークは低い打点のボールを打つときに使う打ち方です。実戦の中では、ショートボールを取る際などに使われることが多く、前に詰めてネットの近くで打つときに使うことが多いので、サイドストロークとはラケットの軌道が変わってきます。技術的には、身体を前傾させすぎないことと、体重移動をコンパクトにすることが大切です。

下から上へ振りぬくと、自然にボールにドライブ回転がかかる

試合中では、軸足だけを使って片脚で打つ場合もある

技術解説 トップ打ちとライジング

トップ打ち

POINT 1 どのショットよりも大きく体重移動

POINT 2 地面と平行、もしくは下から上に振りぬく

ライジング

POINT 1 バウンドした直後を狙って打つ

POINT 2 軽くジャンプしながらフォロースイング

ボールのバウンドが頂点に上がるときや、頂点から落ちるときの、胸くらいの高さでインパクトするのがトップ打ちです。高い打点で打つとパワーが伝わりやすく、攻撃力のあるショットになります。一方、ライジングは打点の高さではなく、相手に時間的余裕を与えないためにボールがバウンドして早いタイミング打っていく打法です。

体重移動は軸足から前脚というよりも、頭の位置が軸足から前脚に移動していくイメージ

バウンドしたボールを早いタイミングで、身体の回転を使って打点を前にして打つ

基本概念 流しと引っ張り

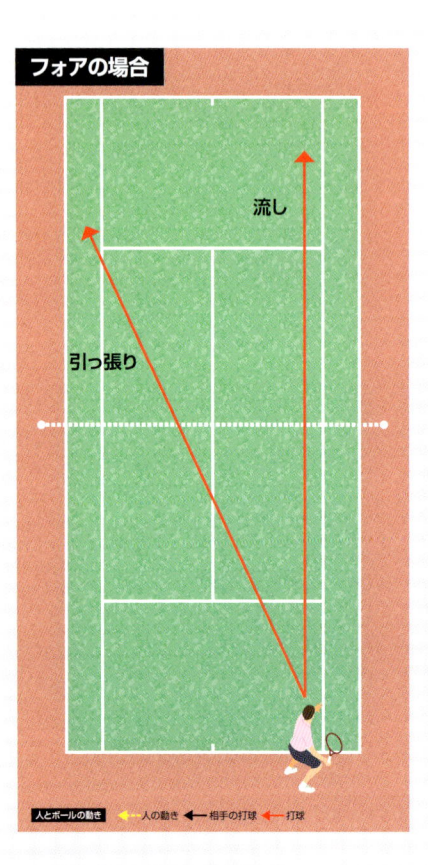

フォアの場合 — 流し / 引っ張り

バックハンドの場合 — 引っ張り / 流し

凡例：人とボールの動き ← 人の動き ← 相手の打球 ← 打球

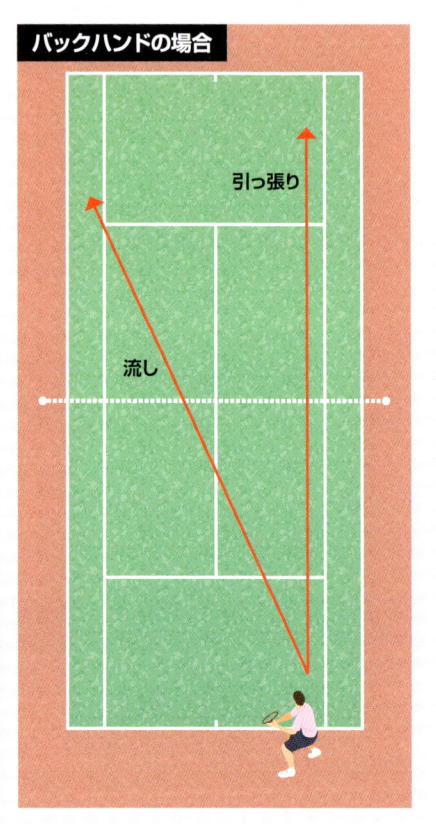

　ソフトテニスでは、ボールを打つ方向を「引っ張り」や「流し」と言います。右利きの選手がフォアハンドで打つ場合、自分よりも左側へ打つ時を「引っ張り」のボールを打つと言います。逆に自分の身体よりも右側に打つ場合を「流し」のボールを打つと言います。なお、身体の正面に打つ場合はストレートと言います。

POINT①

打ち分けは打点とスタンス

「引っ張り」と「流し」の打ち分けは、打点とスタンスがポイントです。クローズスタンス（P181参照）で打点が前ならば、「引っ張り」、オープンスタンス（P181参照）気味に打点をやや遅らせるのが「流し」になります。また「引っ張り」は、クローズスタンスから肩を入れるようにして打ちます。「流し」は、オープンスタンス気味に身体を開いて打ちます。

攻めと守りのロビング

今の主流はスピードテニスとはいえ、シュートボールだけでは、単調なゲームメイクしかできません。ダブルスの場合は特に、シュートボールとロビングをうまく使い分けることで、相手陣形を崩して自分たちの有利な展開へと運びます。そのロビングの中でも、攻めと守りがあります。なお、ボールを高く上げるのがロビングです。ロビングの打球に対して、ストロークのようなライナー性の打球や打ち方を、シュートやシュートボールと呼びます。

攻めのロビング

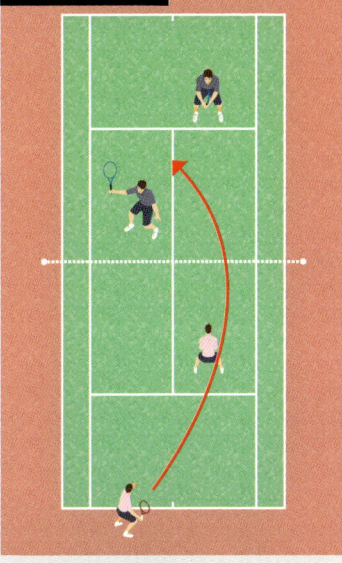

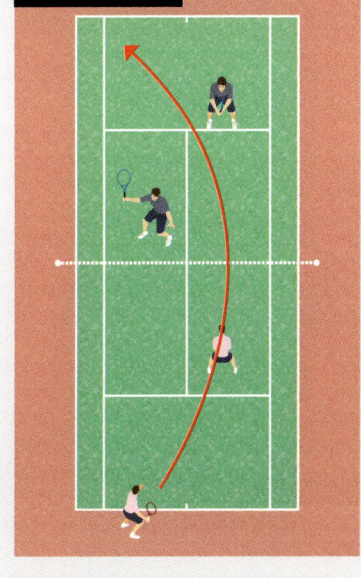

POINT①
攻めのロビングは中ロブが基本

攻めのロビングとは、展開を変える際に相手前衛に取られない高さで速さのあるロブのことを中ロブと言います。技術的には、インパクトしてからボールをラケットに面に乗せて、身体全体で運ぶイメージで打ちます。手打ちにならないように注意します。

守りのロビング

POINT②
守りのロビングは深いロブが基本

守りのロビングとは、相手の攻めてきたボールに対して、厳しい体勢の中でもさらに攻撃を受けないために深く返球するボールのことを言います。打点を引きつけて打ちます。攻められているため、上体が立っていることが多いのですが、下半身、特に膝を柔らかく使ってボールを押しだします。

バックハンドストローク

技術解説 バックハンドストローク（韓国式／ネットプレーヤー）

| POINT 1 | 左手を右手に添えてテークバックに入る | POINT 2 | インパクトでは、ラケット面をフラットにして打つ | POINT 3 | 身体全体を使って大きくスイングする |

韓国式

左手を右手に添え、腰にためをつくる

左手を添えたままスイングに入る

腰の回転を大きく使い、身体全体でボールを打ちにいく

両手で打つ韓国式バックは、パワーのあるボールが打てるのが特徴です。対して片手で打つ従来のバックでは、回転や方向の調節がしやすいという特徴があります。打つときにラケットを寝かせるか、立てるかも特徴です。レシーブなどで使うネットプレーヤーのバックハンドストロークは、コンパクトにスイングします。ワキをしめて肩を入れ、ラケットを身体から離さずに、打点を遅らせて打ちます。また、テークバックからインパクトまでは右手に左手を添え、身体全体で打ちます。

POINT 1	右手だけでラケットを持ち、肩を入れてテークバックに入る
POINT 2	なるべく身体の近くにラケットをつけ、コンパクトに横面で打つ
POINT 3	フォロースイングでラケットを立ててしっかりと振りぬく

ネットプレーヤー

右手だけでテークバックに入り、コンパクトに構える

つま先は打つ瞬間まで横を向いている、その後、前に向けて行く

つま先を打ちたい方へ向けてフォロースイング

サイドストローク

メニュー 052

フラフープの中で素振り

人数	1人
時間	約5分
道具	フラフープ

ねらい 身体の回転動作を使ったストロークができるかを、確認するための練習です。

手順
① フラフープを地面に置き、その中に入る
② ラケットがフラフープの外周をなぞるようにスイングする

フラフープにそってテークバックをする

フラフープの円上をなぞるようにスイングする

指導者MEMO 肩幅程度のスタンスにすると、回転動作がしやすくなります。回転動作を使うライジングでも重要になるポイントです。

サイドストローク

メニュー 053

フラフープの中で1本打ち

人数	2人
時間	約5分
道具	フラフープ

ねらい フラフープにそったスイングでボールを打ちます。ライジングに必要な腰の回転動作を体にしみこませる練習です。

手順
① 選手はベースラインに置いたフラフープへ入る
② 球出しは斜め前から手で球を出す
③ 選手はボールを打つ

ボールを見ながらテークバックに入る

腰の回転動作を使って素早くボールを打つ

指導者MEMO ライジングの基本動作を覚えたら、バウンドしたボールを打ちます。打点は人それぞれですので、素早いスイングで打つことを意識します。

アップ / 基本操作 / ストローク / サービス / レシーブ / ボレー / スマッシュ / フォーメーション / シングルス

サイドストローク

メニュー 054

3つの回転
（ドライブ／スライス／カットストローク）

- 人数：2人
- 時間：10分程度
- 道具：なし

ねらい ドライブとスライス、カットストロークの、3つの異なる回転をするショットのラケット面づくりの練習です。

ドライブ
ドライブはボールの上をこするように打つ。バウンド後に大きく弾む打球になる

スライス
スライスはラケットをボールに乗せるようにして押しだす。バウンドが低い打球になる

カット
カットはボールの右側を切るように打つ。また、あまりテークバックをしない。短く返球するときに使う

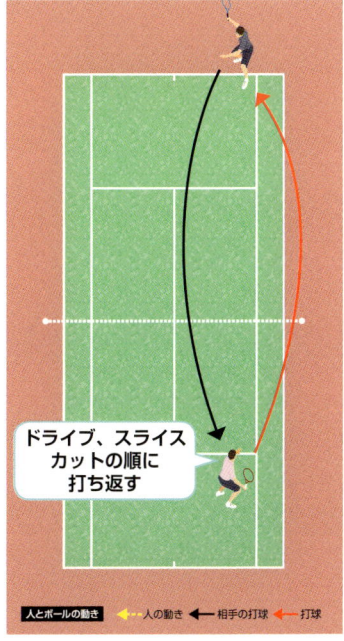

意図的に打ち方を変え、1球1球きちんと変化をつける

ドライブ、スライスカットの順に打ち返す

人とボールの動き　人の動き　相手の打球　打球

指導者MEMO
さまざまな回転を覚えると、ゲームでもより多くの戦略や戦術の組み立てができます。ドライブは通常、ゲームの中で多く使われます。スライスとカットは、相手陣形を崩す場合に有効です。なお同じテークバックの形から振りだすことが大事です。

手順
① 2人1組でストレートに入り、片方はサービスライン上、もう一方はベースライン上に立つ
② サービスライン上の選手は、ドライブ、スライス、カットストロークの順に打つ。ベースライン上の選手は、それぞれの回転の球を返球してラリーを続ける

サイドストローク

メニュー 055 ショートストロークの乱打

人数	2人
時間	10分程度
道具	なし

ねらい 短いボールを打つことで、ラケットを柔らかく扱う動きを覚える練習です。

手順

① 2人1組になり、サービスラインに立って向かい合う
② お互いに短いボールを打ち合う

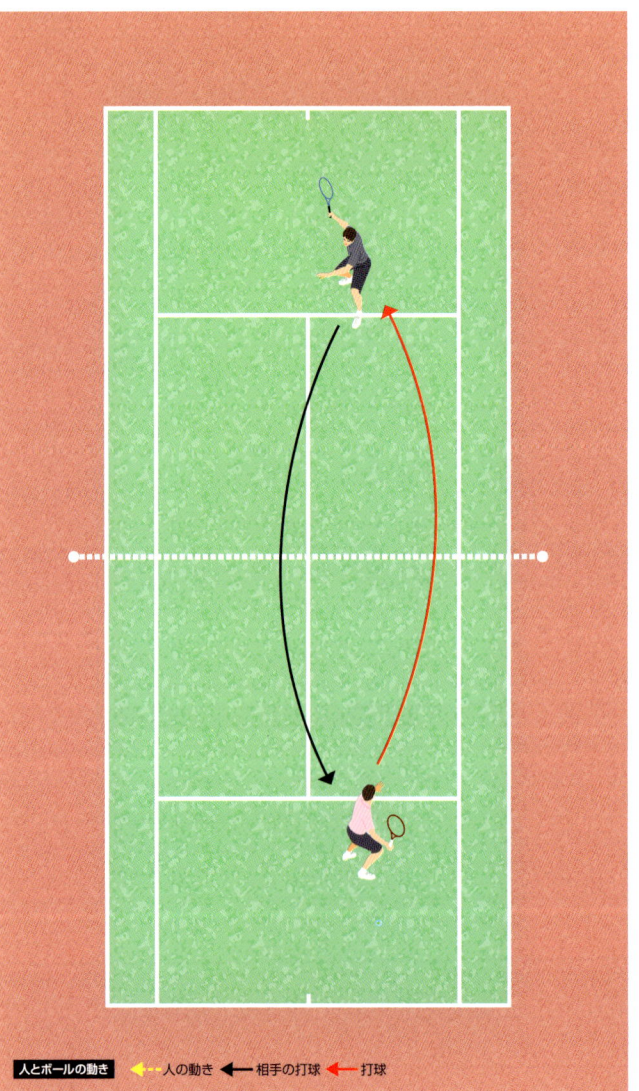

指導者MEMO

近い距離で打ち合うため、素早く打球地点へ移動することが必要です。また、素早く軸足をセットすることも求められます。慣れてきたら、いろいろな回転をかけながら打ち合ってもよいでしょう。

One Point! アドバイス

ゲームでは、このような短いボールを打って仕掛けることがあります。その場合、相手に短いボールを打つことを悟られないよう、わざと大きく構えて短いボールを打ちます。

人とボールの動き　←--- 人の動き　← 相手の打球　← 打球

ベースライン上から打つときと同じ打ち方をする。
フォームを小さくし、短いボールを返球する

サイドストローク

メニュー 056 センターからの2本打ち

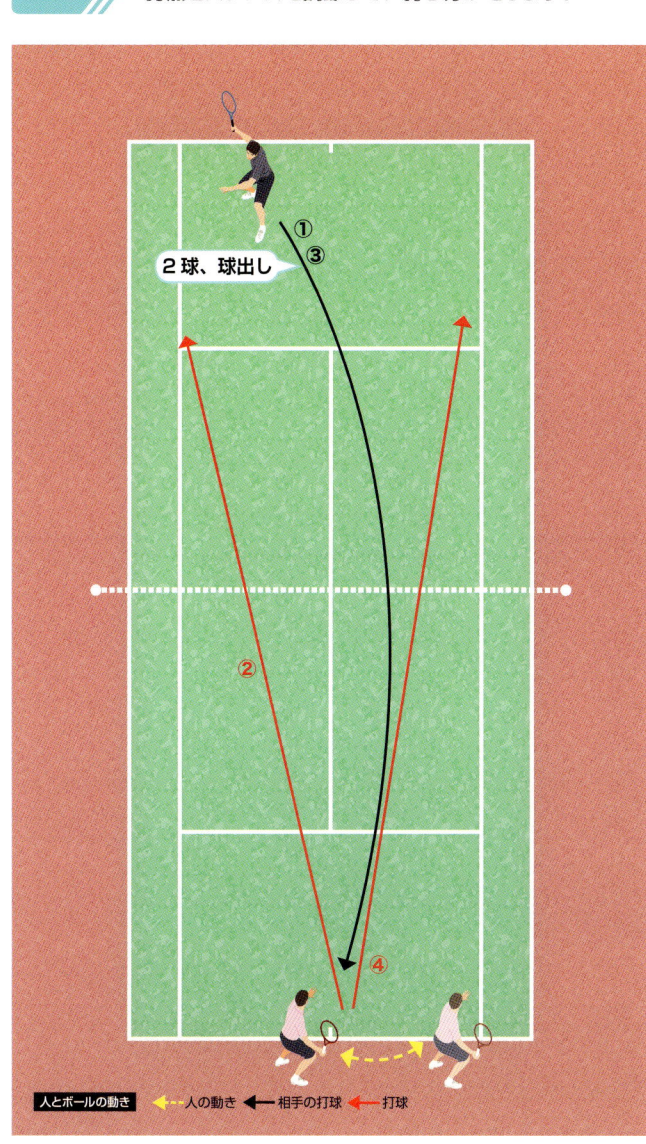

人数	4〜6人程度
時間	10〜20分
道具	なし

ねらい
引っ張りと流しの打ち分けの練習です。
打点とスタンスを調節して、打ち分けをします。

2球、球出し

人とボールの動き　←--- 人の動き　← 相手の打球　← 打球

手順

① 球出しは、左側（クロス）からセンターへ上げ気味に球を出す
② 選手はセンターへ移動し、回りこんでクロス方向へ引っ張りのボールを打つ。打ったらクロスに戻る
③ 球出しは再びセンターへ上げる
④ 選手は回りこみ、流しのボールを打つ
⑤ 1人が2本打ったら、次の選手と交代する

指導者MEMO
コースを読まれないためには、「引っ張り」も「流し」を同じフォームで打つことが大切です。選手を奇数にし、1人1本交代で「引っ張り」「流し」の順で打っていくバリエーション練習もあります。

One Point! アドバイス
クロスや逆クロスは、相手との位置関係です。ネットに向かって左側に打つことをクロス、右側に打つことを逆クロスと言います。

選手は1本打つごとに、クロスのポジションに戻る。右利きの場合は、どちらの打ち方でも、左肩を相手コートのセンターマークに向ける。引っ張りは打点を前、流しは打点を遅らせる

サイドストローク

メニュー 057 4コースでの5本打ち

人数	3〜4人程度
時間	ミスなく連続5本×5回
道具	なし

ねらい 5球連続で打つ中で、引っ張りと流しをコントロールし、狙ったスペースへボールを入れる感覚を養います。

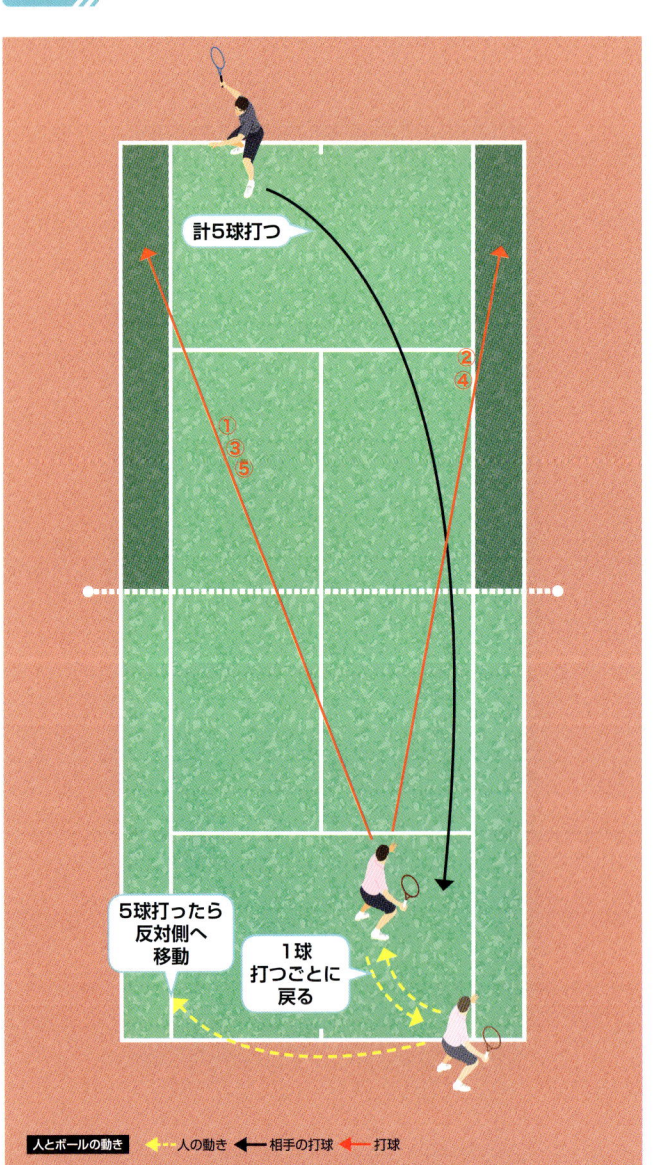

手順

① クロスにいる球出しが、選手に対してクロスとセンターの中間に、続けて5球、球を出す

② 選手はクロスのポジションから移動し、回りこんで打つ。1、3、5球目はクロス方向へ、2、4球目はストレート方向へ返球（コート図斜線部分を狙う）

③ 逆クロス側に移動し、同じように5球打つ（引っ張りを3球、流しを2球）

④ 5球枠内に入るまで続ける

指導者MEMO クロスと右ストレート、逆クロスと左ストレートの4つのコースで、引っ張りと流しを打ち分けます。5球すべてコートのサイドを狙います。初級者は、打ち分けるだけでもOKです。

One Point! アドバイス 正確に5本返して、はじめて次の選手と交代できます。そのためには素早く次の打点に移動し、打ちたい方向へコントロールすることが大切です。

図中：計5球打つ／5球打ったら反対側へ移動／1球打つごとに戻る／人とボールの動き／人の動き／相手の打球／打球

選手は1本打つごとに元のポジションに戻り、次の球に備える

サイドストローク

メニュー 058 6本打ち

- 人数：4〜5人程度
- 時間：ミスなく連続6本×5回
- 道具：なし

ねらい どのコースにボールがきても、引っ張りと流し、そしてセンターへ打ち分けられるコントロール力をつけます。

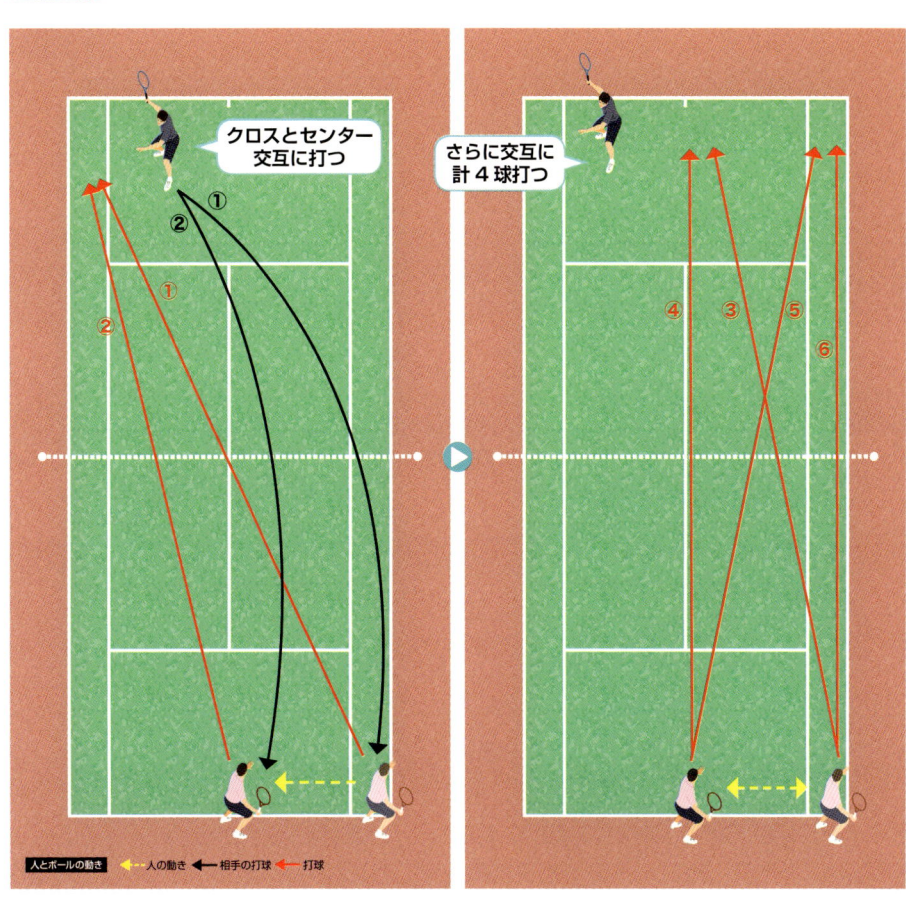

クロスとセンター交互に打つ

さらに交互に計4球打つ

人とボールの動き ← 人の動き ← 相手の打球 ← 打球

特に逆クロス側へ打つときは、素早く打球位置へ回りこむことが重要

手順

① 球出しはクロスとセンター交互に、計6本ボールを打つ
② 選手は1本目と2本目をクロスへ返球（引っ張り）し、3本目と4本目はセンターへ返球、5本目と6本目はストレートへ返球（流し）する
③ 同様に、逆クロスからも上げボールを行う
④ すべて成功したら次の選手と交代

指導者MEMO クロスとセンター寄りの異なる場所からの球出しに対して、同じテークバックで引っ張りや流し、センターへの打ち分けを覚えます。打ち方に応じて、打つ位置と打点を変えて打ち分けをします。

サイドストローク

メニュー 059 　4本打ち

人数	4～6人程度
時間	ミスなく連続4本×5回
道具	なし

ねらい　4方向への打球に対して、異なる打ち方ですべて流しのボールを打てる力を養います。

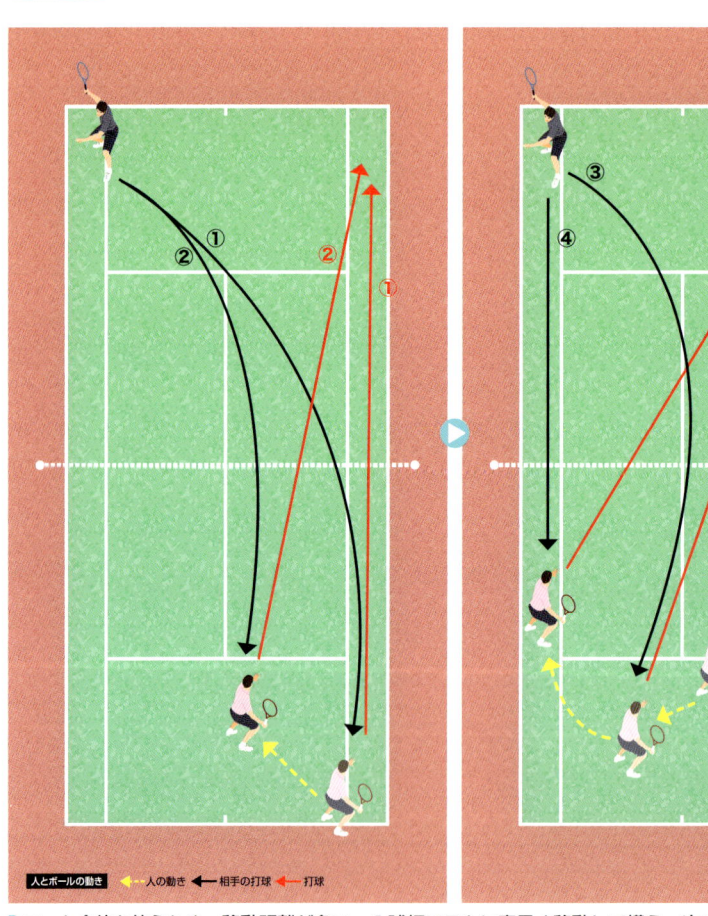

凡例：人とボールの動き　←‑‑ 人の動き　← 相手の打球　← 打球

コート全体を使うため、移動距離が多い。1球打つごとに素早く移動して構え、次の球への準備をする

手順

① クロスへ球出し。選手はストレートへ、流して返球
② ミドル寄りに球出し。選手はストレートへ、流して返球
③ コート中央に球出し。選手は流し方向へ返球
④ ストレートへ球出し。選手は回りこんで逆クロスへ、流しのボールを返球。すべて成功したら次の選手と交代

指導者MEMO
クロスからの球出しに対して、すべて流しのボールを打ちます。また、逆クロスからの球出しは、すべて引っ張りのボールを返球します。異なる打ち方でも、同じコースへ返球できる力がつきます。

ロビング

メニュー 060 攻めのロビング4本打ち

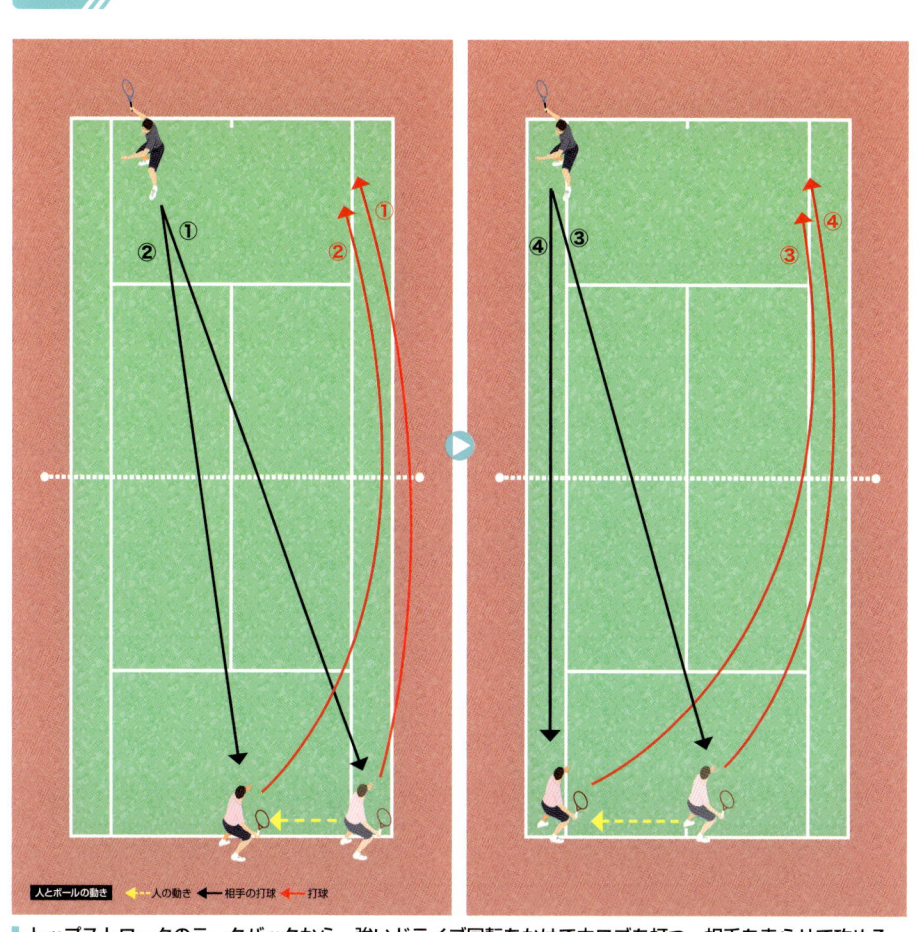

人数 3〜5人
時間 10分
道具 なし

ねらい 攻めのロビングと言われる中ロブの練習をします。
高い打点（トップ）でボールを打ち、ドライブ回転をかけます。

トップストロークのテークバックから、強いドライブ回転をかけて中ロブを打つ。相手を走らせて攻める

手順

① クロスから、クロス方向へ球出し。選手はストレートへ中ロブ
② センターに球出し。選手は逆クロスへ中ロブ
③ センターに球出し。選手は逆クロスへ中ロブ
④ ストレートへ球出し。選手は逆クロスへ返球

指導者MEMO ゲーム中、中ロブが相手に読まれてしまうと効果がありません。トップストロークで打ちながら攻めのロビングを入れると、テークバックが同じなので相手に読まれにくくなります。

ロビング

メニュー 061 1対2乱打

人数	4人
時間	20分
道具	なし

ねらい
深いロビングを、2つのコースに打ち分ける練習です。腰の回転を使って打つことが大切です。

交互に球出し

ラリーが途切れたらこのように交代

攻めのロビングを入れるなど、実戦を想定してラリー

手順
① 4人1組になり、片方のコートに2人、もう1方に1人が入る。1人は休けい
② 2人が交互に打つ球を、それぞれが打った方向にロビングで返す
③ 5分で交代する

指導者MEMO
1人側は、打ち分けと、コース変更時の攻めのロビング練習になります。2人側は、強打を打たれたときの守りのロビング練習になります。

ロビング

メニュー 062 1対3乱打

人数	5人
時間	20分
道具	なし

ねらい
相手より不利な状況で、ロビングを使った球回しを覚える練習です。

交互に球出し

ラリーが途切れたらこのように交代

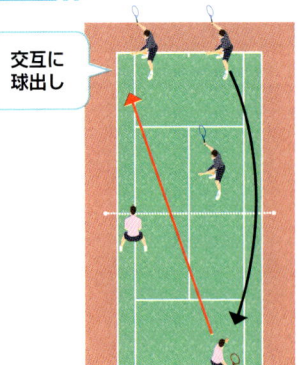

3人でカバーする相手コートの厳しいコースを攻め、チャンスを作る

手順
① 5人1組になる。片側のコートに3人(うち1人はネットプレーヤー専属)、片側に1人の選手が入る。もう1人は休けいに入る
② ロビングを交えたシュートボール中心のラリーを続ける
③ 5分で交代する

指導者MEMO
慣れてきたら、2人のベースラインプレーヤーの体勢を崩すような、角度のあるボールやセンターを攻めます。

ライジング

メニュー 063 ライジングの基本

人数	2人
時間	1人10球交代×5回
道具	なし

ねらい 速いタイミングでボールを打つ、ライジングショットのフォームづくりの練習です。

- ボールに向かって素早く移動する
- ボールの軌道にタイミングを合わせて振りだす 
- 打点が前になるように、飛びながら打つ 
- しっかりとフォロースルーをし、左足で着地する 

手順

① 選手はベースライン上に立つ
② 球出しは、斜め前から手投げでボールを上げる
③ 選手はノーバウンドで、ジャンプしながら打つ

指導者MEMO 実際のライジングは、バウンドしたボールが上がるときに打ちます。そのときにジャンプとヒッティングを同時にします。

One Point! アドバイス ボールのスピードが速くなると、身体の回転も速くなります。球出し側もスピードに変化をつけましょう。

ライジング

メニュー 064 ライジング練習① 〜ワンバウンドでキャッチ〜

人数	2人
時間	5分
道具	なし

ねらい ボールのバウンドに合わせて動く、ライジングショットのタイミングをつかむ練習です。

手順
①球出しはネット際に立ち、選手はベースラインに立つ
②球出しはサービスライン辺りへボールを投げる
③選手は前に詰め、ワンバウンドで捕る

■投げられたボールを見て前に詰める

■ワンバウンドしたところでキャッチする

指導者MEMO 実際のライジングショットをイメージします。ワンバウンドの手前に素早く移動し、バランスを崩さずにボールを捕ります。

ライジング

メニュー 065 ライジング練習② 〜前に詰めて打つ〜

人数	2人
時間	5分
道具	なし

ねらい 素早く前に詰め、タイミングよくバウンドに合わせて打つ、ライジングショットの練習です。

手順
①球出しはサービスラインに、選手はベースラインに立つ
②球出しは前後左右にボールを投げる
③選手は前に詰め、ワンバウンドで打つ

■バウンドを見計らって素早く前に詰める

■ワンバウンドしたボールの頂点までで打つ

指導者MEMO 前に詰めてボールを打つため、バランスが崩れやすくなります。体軸をまっすぐにし、ヒザを使って早いタイミングで打っていきます。

メニュー 066 バックストローク
ネットプレーヤーのバック練習①

ねらい ラケットの横面で打つことを覚える練習です。
身体は正面を向け、オープンスタンスで打ちます。

人数 2人
時間 1人×10本×5回
道具 なし

手順
① 選手はサービスライン上に、正面を向いて立つ
② 球出しは、斜め前から手投げで球を出す
③ 選手は手投げのボールをオープンスタンスのまま、バックハンドで打ち返す

指導者MEMO 両足を固定して脇をしめてると、ラケットの横面が使いやすくなります。すると打点が遅れ、まっすぐに打てます。インパクト時に横面で打てない選手は、ボールをカットしてしまい、上手く打てません。

- オープンスタンスで立ち、打点を遅らせるようにして打つ
- ラケットでボールをすくい上げるようにして打つ

メニュー 067 バックストローク
ネットプレーヤーのバック練習②

ねらい 速いバウンドのボールを打つことで、ラケットの横面でのボールさばきを身につけます。

人数 2人
時間 1人×10本×10回
道具 なし

手順
① 選手はサービスライン上に立つ
② 球出しは、斜め前から手投げで速いバウンドボールを投げる
③ 選手はバックハンドで打つ

指導者MEMO この練習は基礎技術をかためたい時期に行います。球だしは素早いタイミングでボールを投げます。素早く動くことで、バックハンドのフォームやスイングの仕方を覚えられます。

- 体重を前脚に移動しながら、ラケットの横面を使ってインパクトする
- インパクト後にラケットを縦にしてフォロースルーすると、ボールに回転がかかってネットを越える

バックストローク

メニュー 068 ベースラインプレーヤーのバック練習①

人数 4～5人
時間 10分
道具 なし

ねらい 大きく移動しながら、相手の前衛をかわせるコースを探し、バックで打ち返す練習です。

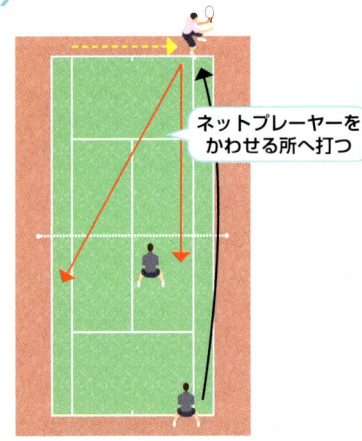

ネットプレーヤーをかわせる所へ打つ

■ ストレートの球出しをクロスから移動して打つ

■ 打ちたいコースを決めておく

■ 素早く軸足をセットし、テークバックに入る

■ 前足に体重を移動しながら、腰を回転させて打つ

手順

①選手はクロスのポジションにつく
②球出しはストレートに球を出す
③選手はクロスから移動し、前衛をかわせる場所へバックハンドで打ち返す

指導者MEMO
同じコースに返していては意味がありません。シュートやロビングを織りまぜ、相手前衛をかわすことや相手陣形を崩すことを意識させます。

One Point! アドバイス
ネットプレーヤーのバックでは身体の回転を大きく使いますが、ベースラインプレーヤーは回転が小さくなります。

バックストローク

メニュー 069 ベースラインプレーヤーのバック練習②

人数 4～5人
時間 10分
道具 なし

ねらい バックで引っ張りと流しを打ち分ける練習です。

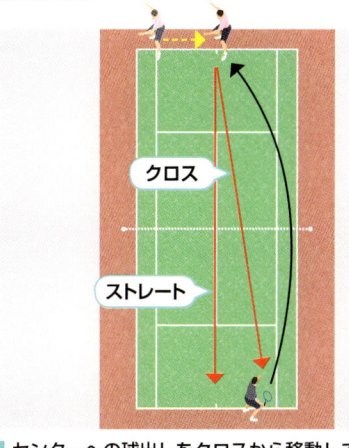

- センターへの球出しをクロスから移動して打つ
- どのコースへ打つかを決め、テークバックに入る 
- 狙った方へつま先を向けながらインパクトする 
- フォロースイングをしたら、待球姿勢に戻る 

手順
① 選手はクロスのポジションに立つ
② 球出しはクロスからセンターへ球を出す
③ 選手はクロスからセンターへ移動し、クロスまたはストレートへ打ち返す

指導者MEMO
ベースラインプレーヤーの場合は相手の前衛をかわすことを第一に考えます。相手を惑わすためには、タイミングをずらして打つことが大切です。

One Point! アドバイス
実戦では、打ち返すコースを相手に読まれないことが重要です。常にテークバックまでは同じフォームにします。

バックストローク

メニュー 070 バックのトップ打ち

人数：2人
時間：1人×10本×5回
道具：なし

ねらい
高い打点から力強いボールを打つ、攻めのバックハンドの打ち方を覚える練習です。

▎ボールを見ながらステップをはじめる

▎素早く軸足をセットして、高い位置で打てるようにテークバックをする

▎腰の回転を使って振りだし、ラケットの面をフラットに使い、高い打点でインパクトする

▎ラケットを振りぬき、次のプレーに備える

手順
① 球出しは高くバウンドする球を出す
② 選手はボールが高い位置にあるときに、バックハンドで打つ

指導者MEMO
クローズドスタンスは、相手に威圧感を与える反面、コースが読まれやすく、オープンスタンスは威圧感がない反面、コースが読まれにくい特徴があります。

One Point! アドバイス
慣れないうちは、机を真横に置いて、机にボールを落として、バウンドしたところでトップ打ちをします。

発展練習

メニュー071 ショートバウンドの乱打

- **人数**: 2人
- **時間**: 10分
- **道具**: なし

ねらい
難しいボールを打つことで、ラケット面の使い方や身体のさばきを覚える練習です。

手順
① 選手は両サイドのサービスライン上に立つ。身体はネットに対して90度に向ける
② 相手のボールをショートバウンドで打ち返す
③ フォアハンドとバックハンドを織りまぜる

向かい合い、身体をネットに対して90度に向けてスタート

ショートバウンドにラケットを合わせて打ち返す

指導者MEMO
ボールにラケット面を合わせる技術が向上します。フォアは縦面から横面にし、立ててぬきます（P75）。面を立て、バックでは横面でインパクトしてから面を立て、回転をかけます（P81）。

発展練習

メニュー072 中間ポジションの乱打

- **人数**: 2人
- **時間**: 10分
- **道具**: なし

ねらい
ラケットを素早く構える準備と、コンパクトなスイングを覚える練習です。積極的にバックハンドも使います。

手順
① 選手は両サイドのサービスライン上に立つ
② 短い距離で乱打をする

身体の回転をコンパクトに使って打つ

打ち終えたら、すぐに次のボールに備えて構える

指導者MEMO
ショート乱打と通常の乱打の間にこの練習を入れると、より構えが早くなり、効果的です。早く構えなければならないため、自然にスイングスピードが速くなり、コンパクトな打ち方が身についてきます。

コーディネーション

メニュー 073 両手でショート乱打

人数：2人
時間：5分
道具：なし

ねらい 左右の異なるラケットでボールを打つコーディネーショントレーニングです。変換能力や反応力、連結能力や分化能力などが磨けます。

- 打つ側のラケットを素早くかまえる
- ラケットでは、相手がとりやすいボールを打ち返す 
- 打点は、テニスラケットよりもボールに近くなる 
- 卓球のラケットでは、ラケットでボールを押すように打ち返す 

手順
① 利き手で通常のラケットを、反対の手で卓球のラケットを持ち、両サイドに分かれる
② 左右交互に、それぞれのラケットでボールを打つ

指導者MEMO
左右で異なる道具を使うため、難しいトレーニングに思えます。ですが、遊びの要素もあるため、楽しみながら試してみてください。

One Point! アドバイス
P30で紹介した、20年以上も前に旧東ドイツで作られたトレーニングのひとつです。今でも役立つ内容ばかりです。

コーディネーション

メニュー 074 キャッチ&パス①

人数	2人
時間	5分
道具	なし

ねらい　ボールをラケット面に乗せる感覚がつかめるコーディネーショントレーニングです。

手順

① ネット越しに向かい合って立つ
② まずは右手でラケットを持ち、相手に返球する
③ 返球後、ラケットを左手に持ちかえ、次のボールを打ち返す
② 左右交互にラケットを持ちかえて行う

指導者MEMO　ヒザを柔らかく使うと、ラケット面でボールの勢いを吸収できます。遊びながらこのような感覚がつかめるとよいでしょう。

- まずは右手でボールを打ち返す
- 素早くラケットを持ちかえ、ボールをラケットの面に乗せるように返球

コーディネーション

メニュー 075 キャッチ&パス②

人数	2人
時間	5分
道具	なし

ねらい　ラケットや身体のさばき方や動きの反応を高めるコーディネーショントレーニングです。

手順

① ネット越しに向かい合って立つ
② 利き腕でラケットを持つ。まずは相手からのボールを真上にバウンドさせる。打ちやすい位置に移動し、背中にラケットを回して打つ

指導者MEMO　背面からラケットを通す動きは、自分の目では見えない軌道を描きます。なかなかできない選手は、まずは素手で飛んできたボールを捕ってみます。

- 十分にボールの勢いがなくなるようにバウンドさせる
- ラケットを背中越しにだしてボールを打つ

メニュー 076 コーディネーション
同時にキャッチ＆ヒッティング

人数 2人
時間 1人10回
道具 ボール2個

ねらい 捕ることと打つことを同時に行うコーディネーショントレーニングです。

手順
① 球出しはネット前から、ベースライン上の選手へ2球同時に手で投げる
② 選手はラケットを持った利き腕でボールを打ち、反対の手でボールを捕る

2球とも視界に捉えて動く

1球は捕り、もう1球は打ち返す

指導者MEMO このトレーニングでは特に、連結能力を鍛えられます。この能力は、ボールを打ちながら、相手の場所を確認する能力です。

メニュー 077 コーディネーション
風船ジャグリング（お手玉）

人数 1人
時間 5分
道具 風船3つ

ねらい 複数の物を視界に捉えながら、複数の動きをするコーディネーショントレーニングです。

手順
① 風船を3つ用意する
② 両手と両脚を使ってジャグリング（お手玉）をする。

下を向かず、目の高さに視線を固定する

慣れたら利き腕にラケットを持つ

指導者MEMO 難しければ、まずは手だけを使ってみます。これができたら、手脚やラケットとトレーニングの難易度を上げていきます。

コーディネーション

メニュー 078

ミニトランポリン①
～180度回転～

人数 1人
時間 約5分
道具 ミニトランポリン

ねらい ストローク時の腰のスムーズな回転動作を覚えるトレーニングです。

手順
① ミニトランポリンに乗る
② リラックスしてジャンプし、身体を180度回転させる

- 全身の力を抜いてジャンプする
- 腰の回転を使って180度回転する 

指導者MEMO ストロークでは、スムーズな腰の回転が重要です。この練習では、リラックスして体軸を1本にし、スムーズな回転をつかみます。

コーディネーション

メニュー 079

ミニトランポリン②
～90度回転～

人数 1人
時間 約5分
道具 ミニトランポリン

ねらい 上半身と下半身の逆ひねりと腰のスムーズな回転動作を覚える練習です。

手順
① ミニトランポリンに乗る
② リラックスしてジャンプし、素早く腰を90度に回転させる

- リラックスした状態でジャンプする
- 腰を中心にして素早く90度回転する 

指導者MEMO 下半身が先に動き、後から上半身がついてくる感覚をつかみます。これは、腰の回転と腕のしなりを使うストロークに必要な動きになります。

メニュー 080	コーディネーション
	ミニトランポリン③ 〜回転しながらスイング〜

人数	1人
時間	約5分
道具	ミニトランポリン

ねらい 180度と90度に回ったときの体の使い方を、実際のスイングに取り入れる練習です。

手順
① 選手はトランポリンに乗る
② 選手は大きくジャンプしながら90度回転し、スイングをする

▎大きくジャンプしながらテークバックをする

▎腰の回転を使ってスイングする

指導者MEMO 実際には下半身と上半身の回転はズレません。ですが下半身が先に回転し、上半身があとから回転していく感覚はとても大切です。

メニュー 081	コーディネーション
	ミニトランポリン④ 〜回転しながら実際に打つ〜

人数	1人
時間	約5分
道具	ミニトランポリン

ねらい スムーズな腰の回転を使ったスイングで、実際にボールを打ちます。スムーズな回転動作の仕上げの練習です。

手順
① 球出しはトランポリンに乗った選手の斜め前で準備する
② 球出しは選手にボールを投げる
③ 選手は90度回転しながらボールを打つ

▎ボールを見ながらテークバックをする

▎腰の回転を確認しながらスイングして打つ

指導者MEMO 今まで練習してきた回転動作が使えると、無駄な力を使わずに、気持ちよくボールを飛ばせます。この感覚を普段も得られるようにします。

第4章
サービス
Service

自分の意図とリズムで
自由に打つことができるショットです。
ゲームの主導権を握れるかどうかは
サービスにかかってきます。

サービス

基本概念 サービスと回転

攻撃的かつ相手コートに確実に入れられるサービスを覚える

POINT①

ボールは、やさしく握る

　トスでは、正しいボールの握り方が大切です。手のひらにボールを乗せたり、わしづかみで握ってしまうと、上手くトスが上げられなくなります。適度に力を入れながらも優しく握るようにします。繊細なガラスのコップを持つようなイメージです。トスでは手首を使わないことが大切ですが、これは握り方で大きく変わってきます。

POINT②

トスは、腕全体で真上に上げる

　サービスが入る確率を大きく左右するのが、トスの上げ方です。ミスをする際に多いのが、手首のスナップを使ってトスを上げることです。トスは手首を使わずに腕全体を動かし、まっすぐ上げることが重要です。手首のスナップを使うと、トスが真上に上げらなかったり、余分な力が入りやすくなります。トスを疎かにせず、しっかり練習してください。

サービスは1度失敗しても、もう1度打てます。そのためファーストサービスと呼ぶ1回目のサービスは、攻撃的な打ち方や狙い方をします。逆に失敗すると相手の得点になってしまうセカンドサービス（2回目のサービス）は、確実に相手のコートへ入れることが目的です。打ち方は、頭よりも高い打点で打つオーバーハンドサービスと、肩よりも低い打点で打つアンダーハンドサービスがあります。サービスの打ち方は、打点とボールにかける回転の違いでそれぞれ呼び方が変わります。

POINT③

3種類の回転

スライス

ボールに右斜め下への回転を加えて打ちます。ボールが落ちる回転になるため、サービスの成功率が高くなる軌道です。

フラット

ボールに回転を加えずに打ちます。ボールが直線的に飛ぶため、もっともスピードが速くなります。

リバース

ボールに左回転を加えて打ちます。バウンドした後は、レシーバーが右利きであれば、バックハンド側に流れる軌道になります。

POINT④

3種類の軌道

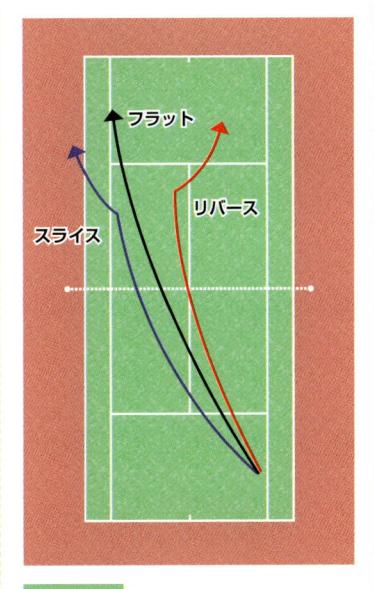

スライス

スピードとサービスが入る確実性の両方を持った回転です。サービス時に、最も多用する打ち方です。バウンドが低くなるため、相手が主導権を握りづらいボールが打てます。

フラット

スピードのあるサービスで相手を押していきたいときに有効です。コントロールがよい選手は、コーナーをついたりする場合にも使います。

リバース

相手のバックサイド側に跳ねる回転をかけます。バックハンドが苦手な選手に有効ですし、一瞬の意表をついたり、スピーディーな展開にワンクッション入れたい場合にも使います。

サービス

メニュー 082 トップスライスサービス

人数：1人
時間：5分
道具：なし

ねらい コントロールが安定しやすいサーブを、イースタングリップで打つ練習です。

包丁を持つイメージのイースタングリップで握り、トスを上げる

ヒザを曲げてためをつくり、ラケットを肩に担ぐ

全身が伸びた状態でインパクト。ボールの右斜め上を打つ

左脚の側面にラケットを振り切る

手順
①イースタングリップでラケットを持ち、サービスラインに立つ
②トスを上げる
③ボールの斜め右上を打ち、スライス回転をかける

指導者MEMO トップスライスサービスは、ラケットをイースタングリップで握ります。右利きの場合は、インパクト時にボールの右斜め上側をラケット面に当てます。

One Point! アドバイス イースタングリップで打つサービスは、ネットを越えてからボールの軌道が落ちていきます。そのため、高い確率でサービスが入ります。

サービス

メニュー 083 フラットサービス

人数 1人
時間 5分
道具 なし

ねらい 直線的な球筋の、威力のあるサービスの打ち方を覚えます。

■ 地面とラケット面が平行な状態でグリップを握る

■ ヒザを曲げ、体を弓なりにしてためをつくる

■ ラケット面をフラットにし、高い打点で打つ

■ 打球方向にラケットを振りぬく

手順

① ウエスタングリップでラケットを持ち、サービスラインに立つ
② トスを上げる
③ ラケット面をフラットしてボールを打つ

指導者MEMO
フラットサービスは、ウエスタングリップで握ります。ほとんど回転がないため、最もスピードが速く、威力の高いサービスです。

One Point! アドバイス
回転をかけてボールを落とすトップスライスサービスと比べると、サービスの入る確率は低くなります。威力か確実性かで使い分けましょう。

サービス

メニュー 084 リバースサービス

人数 1人
時間 5分
道具 なし

ねらい ボールを左回転させるように打つサービスを覚えます。バックハンド側を攻撃する際に有効な打ち方です。

- ウエスタングリップか、セミイースタングリップで握る
- ヒザを曲げ、上体をひねってためをつくる 
- ための反動を活かして伸び上がり、ボールの左側をこするように打つ 
- 手首を外側にひねりながら、打った面が相手側を向くように振り下ろす 

手順

① ウエスタンかセミイースタンで握り、サービスラインに立つ
② トスを上げる
③ ボールの左側をこするように打つ

指導者MEMO

フラットサービスやスライスサービスと比べてスピードはでません。ですが、向かって右側に弾むため、バックハンドが苦手な相手には有効的なサービスです。

One Point! アドバイス

女子の選手の多くは、イースタングリップを苦手としています。スライスサービスは女子選手が多用するサービスでもあります。

サービス

メニュー 085 アンダーカットサービス

人数 1人
時間 5分
道具 なし

ねらい バウンド後に不規則な変化をする、カットサービスの打ち方を覚えます。

- イースタングリップまたはセミイースタングリップで握る
- トスは上げず、握っているボールを下に落とす 
- 下から上へスイングし、ボールの下側をこするように打つ 
- 打った後はヒザを伸ばしきらず、すぐに待球姿勢をつくる 

手順

①グリップを短く握り、サービスラインに立つ
②握っていたボールを落とす
③ボールの下をこするように打つ

指導者MEMO
アンダーカットサービスは、回転が強いほどバウンドが低くなります。相手が低い打点で打つため、攻撃をされにくいサービスといえます。

One Point! アドバイス
インドアやダブルフォワードで戦う場合にも、非常に有効なサービスです。ラケットとボールの接触時間が長いほど、強い回転がかかります。

サービス

メニュー 086 ショルダーカットサービス

人数: 1人
時間: 5分
道具: なし

ねらい 技術的に習得しやすく、セカンドサービスのメインとなるカットサービスを覚えます。

- セミイースタンで握り、オープンスタンスで構える
- 胸の高さ辺りにトスを上げる 
- 上から下へスイングし、ボールの右下をこするように打つ 
- ラケットを前に押しだすように振りきる 

手順

① セミイースタンで短めに握り、サービスラインに立つ
② 軽くトスをする
③ 肩の高さで、右下をこするように打つ

指導者MEMO

成功確率が高いサービスです。ですが、相手もレシーブしやすいため、安易に打たずにコースを狙ったり、回転をかけるなど、考えて打つことが重要です。

One Point! アドバイス

サーフェス（コートの素材）の違いや陣形に応じて、最低でも2～3種類のサービスを打てるように練習していきましょう。

サービス

メニュー 087 ボールの握り方

ねらい トスアップで重要になる、ボールの持ち方を覚える練習です。

人数	1人
時間	3分
道具	コップ

手順
① ボールの代わりにコップを持つ
② コップを持ってトスアップの構えをする
③ 慣れたらボールを持つ
④ ボールを持ってトスアップの構えをする

■ 優しくコップを握る感覚を覚える
■ コップを持ったように優しくボールを握る 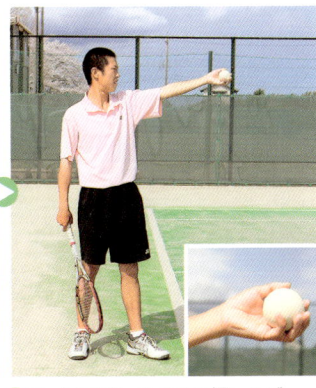

指導者MEMO トスでは、手のひらにボールを乗せると思っている選手やコーチが多いようですがこれでは手首のスナップが効き、トスが真上に上がりません。

サービス

メニュー 088 トスアップの練習① 〜コップ上げ〜

ねらい 手首を使わず、腕全体を使って真上にトスを上げる練習です。

人数	1人
時間	10回
道具	コップ

手順
① ラケットは持たず、利き腕にコップを持つ
② コップを持った側の手首を押さえてトスを上げる

■ 手首を押さえてコップを持つ
■ 手首ではなく、腕全体でコップを上げる 

指導者MEMO 正しい握り方の次は、正しい腕の使い方を覚えます。手首を使わずに、手のひらを空に向けるように、腕全体を使ってトスを上げます。

サービス

メニュー 089　トスアップの練習②　〜目印にトス〜

人数	2人
時間	10回×3セット
道具	なし

ねらい　真上に正確にトスを上げるための練習です。天井に目印をつければ、室内でも練習できます。

目印（ここではラケット面）から2mほど離れて立ち、正しくボールを持つ

手のひらを空に向けるように、腕全体を使ってトスを上げる

手順

① 1人は審判台などの上に乗り、ラケットを構える
② 選手は構えたラケットから2mほど立つ
③ 目印（ラケット面）めがけて、腕全体でトスを上げる

指導者MEMO　トスの高さは、以前は身長の2倍が目安でした。ところがプレー全体がスピーディーになった現在では、よりラケットを振る回転力を活かしたボールを打つため、トスの位置が低くなっています。トスの高さは、ラケットを伸ばしたところから10cmほど上が理想です。

サービス

メニュー 090

トスアップの練習③
～カゴにボールを入れる～

- 人数：1人
- 時間：10回×3セット
- 道具：カゴ

ねらい
狙った高さに、まっすぐなトスを上げる練習です。
カゴが目安になるため、理想的なトスを上げる場所もつかみやすくなります。

▎イースタングリップまたはセミイースタングリップで握る

▎トスをまっすぐ上に上げる

▎ボールを目で追いながら、実際にタイミングをはかる

▎落ちてきたボールがカゴの中に入ればよいトスだった証拠

手順

① 選手はサービスラインに立つ。ラケット1本分前にカゴを置く

② 腕全体で真上にトスを上げる。落ちてきたボールがカゴに入ればOK

指導者MEMO
この練習は、ほとんど場所を取りません。基礎技術をかためる時期には、全選手が同時に練習してもよいでしょう。また、10球中何球カゴに入るかや、何球連続でカゴに入るかを競うなどゲーム感覚で取り組んでも面白い練習になると思います。

サービス

メニュー 091 ヒジが下がる場合の矯正法

人数 1人
時間 5分
道具 なし

ねらい トスを上げた後でラケットを持った腕が下がってしまう選手の矯正練習です。

- ヒジが肩よりもさがらないように構える
- ヒジを耳の横まで上げるようなイメージ

NG ヒジが下がるとラケットが身体に当たりやすく、打点が低くなってしまう

NG ラケット短く持たせるとラケット面が後頭部に当たり、自分でも確認ができる

手順
① ラケットの面のすぐ下（いちょう部分）を握り、サービスライン上に立つ
② その持ち方でサービスの素振りをする

指導者MEMO ラケットを持っている方のヒジが下がってしまうと、インパクト地点まで最短距離で振れなくなります。また、スイング時の軌道がきれいな半円を描かなくなります。この矯正練習でラケットが頭に当たらないようにすると、自然にヒジが上がるようになります。

サービス

メニュー 092
イースタングリップの練習①
～ヒジから先で投球～

ねらい ヒジから先を外側に回転させて打つ、サービスの動きを身につけます。

人数	1人
時間	10回×3セット
道具	イス

手順
① 選手はイスに座る
② 利き腕のヒジを90度に曲げ、ボールを投げる

■ ボールを正面に向けて握る
■ ヒジから先のひねりを使ってボールを投げる 

指導者MEMO ヒジを90度に曲げて投げる動きは、イースタングリップでサービスを打つときの、ヒジから先の外側への回転と同じ動きになります。

サービス

メニュー 093
イースタングリップの練習②
～身体のひねりで投球～

ねらい ヒジの回転だけでなく、上半身のひねりも使ってボールを投げます。サービスでの上半身の使い方を覚えます。

人数	1人
時間	10回×3セット
道具	イス

手順
① 選手はボールを持ってイスに座る
② 座った姿勢から上半身をひねり、ボールを投げる

■ ヒジを後ろに引きながら上半身をひねる
■ ヒジを前にだしながら、遠くへボールを投げる

指導者MEMO サービスの動きは、野球の投球動作と似ています。ボールを投げることで、上半身のひねりやヒジを前にだす動きを覚えます。

サービス

メニュー 094 イースタングリップの練習③ 〜ヒジを伸ばして遠投〜

ねらい　ヒジの回転と上半身のひねりに加え、ヒジを上に上げる動きを覚えます。

人数	1人
時間	10回×3セット
道具	イス

手順

① 選手はイスに座る
② イスに座ったまま身体をひねり、斜め上にボールを投げる

- ヒジから先を外へひねりながら構える
- ヒジを上に伸ばしながら遠投する

指導者MEMO　092から094までの練習で、インパクトまでの一連の動きが身につきます。細かい動きですが、これらができないと型のよいサービスは打てません。

メニュー 095 イースタングリップの練習④ 〜ラケットで打つ〜

ねらい　今まで覚えたヒジと上半身の使い方で、実際にラケットボールを打つサービス練習です。

人数	1人
時間	10回×3セット
道具	イス

手順

① ラケットを持ってイスに座る
② ヒジの曲げと上げ、上半身のひねりを使って構え、手投げボールを打つ（ラケット面を外側に向けるように回転させる）

- ヒジを90度にし、上体をひねって構える
- ヒジを上に伸ばして外側に回転させ、サービスを打つ

指導者MEMO　できるだけ早い段階でイースタングリップのサービスを身につけるべきです。これによりボールを前に運ぶという大切な感覚が身につきます。

サービス

メニュー 096 下から上へのスイング

人数：1人（カベ3人）
時間：10回×3セット
道具：なし

ねらい
サービスのスイング軌道は上から下ではなく、下から上になります。それを理解する練習です。

- 3m先に3人、後ろ向きに立ってもらう
- トスを上げてサービスの体勢になる 
- インパクト時に、3m先へボールを平行移動させるイメージで打つ 
- 上手くできるとボールがネットを越していく 

手順

① 選手はサービスを打つ位置に立つ
② その3m前に3人、後ろ向きで立たせる
③ 3m先の人に当てないようにサービスを打つ

指導者MEMO
サービスは上から叩きつけるイメージがあります。ですが実際の軌道は、下から上への放物線を描きます。壁を越すように打っていきましょう。

One Point! アドバイス
トスを上げてラケットをかついだ時点ではラケットは立っています。ですが、振り始める時にはラケットのヘッドが下がってきます（写真左下）。

サービス

メニュー 097 　3箇所からサービス

ねらい　サービスを打つ場所を段階的に下げることで、正しい身体も使い方を覚えます。

- 人数：1人
- 時間：1地点5分×3地点
- 道具：なし

手順
① クロスのサービスライン上でサービスを打つ
② サービスラインとベースラインの間でサービスを打つ
③ ベースライン上でサービスを打つ
④ これを逆クロスでも行う

打点は、距離が変わっても一定。後ろに下がるほど、スイングを大きくする

指導者MEMO　サービスコートへ高い確率で入れるためには、回転を変えます。サービスライン上で打つ場合にはフラットで当て、回転をなくします。

メニュー 098 　ヒザ立ちサービス

ねらい　低い打点からボールに回転をかけて打つ、トップスライスサービスの練習です。

- 人数：1人
- 時間：10分
- 道具：なし

手順
① サービスライン上でヒザ立ちになる
② その状態からサービスを打つ

ヒザ立ちになり、サービスの体勢になる

右利きの場合はボールの右上をこするように打つ

指導者MEMO　ボールにスライス回転をかけることで、サービスが入る確率が上がります。打点が低くなるため、回転をかけずに打つと、ネットの手前に落ちたり、ネットに引っかかってしまいます。

サービス

メニュー 099 右脚着地と左脚着地

人数：1人
時間：3分程度
道具：なし

ねらい サービスでは、着地する脚によってその後の動きが変わります。ここでは着地する脚ごとの利点を覚えます。

軸足と同じ脚で着地

軸足

下半身をひねらずにサービスを打つ

軸足

軸足で着地すると、サービス後に素早く前へ詰められる

軸足と逆側の脚で着地

軸足

インパクト後、下半身をひねっていく

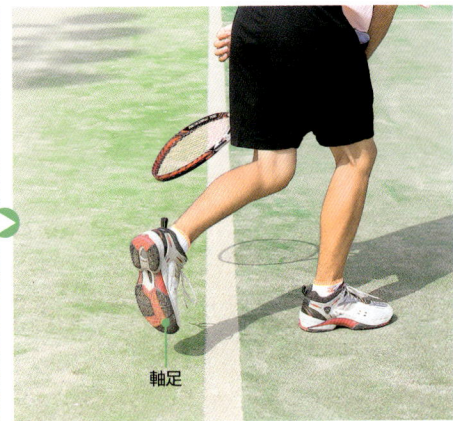

軸足

軸足と逆脚で着地すると、力強いサービスが打てる

手順

①セミイースタンで短めに握り、サービスラインに立つ
②軽くトスをする
③肩の高さで、右下をこするように打つ

指導者MEMO
サービス後に、軸足と同じ脚で着地する選手が増えてきました。上級者には場面に応じて着地脚を変える選手もいます。

One Point! アドバイス
基本の考え方ですが、ネットプレーヤーは、サービス後に前に詰めていきます。そのため軸脚で着地が有効です。

コーディネーション

メニュー 100

ノーバウンドでの
テニスバレー

人数　4人〜
時間　10点先取するまで
道具　なし

ねらい　ノーバウンドで打ち合うことで、柔軟にボールをさばく体の使い方を覚えられます。

■ それぞれのコートに2人ずつ入る

■ まずは相手からのボールを確実に拾う

■ 味方がとりやすいボールを上げる

■ 3回で返せなかったり、バウンドした場合は1点

手順

①両サイドのコートに2人ずつ入る
②バレーボールのようにノーバウンドでボールをつなぎ、3回目のタッチで相手コートへ返す

指導者MEMO
仲間との距離感やトス時の力の入れ具合を瞬時に判断して動く必要があります。また、ボレーと同じようにボールを運ぶ感覚も養えます。ここでは2人ずつでの練習を紹介していますが、3対3や、2対3などのように人数を変えてもよいでしょう。

第5章
レシーブ
Receive

相手から打たれたサービスを返球するレシーブでは、
臨機応変に対応する技術が必要とされます。
攻守を自在に操れる
レシーブを覚えましょう。

考え方

基本概念 レシーブの考え方

最初の一打でいかに攻められるかで、ラリーの主導権が変わる

POINT①

レシーブは攻め

相手のファーストサービスで、サービスエースを取られなければ、レシーブが攻めのはじまりになります。そのためには、ただ単に打ち返すのではなく、様々なことを考えなければなりません。おおまかに分けると、相手のネットプレーヤーやベースラインプレーヤーとの駆け引きと、味方とのやり取りです。

ラリーのはじまりはサービスです。ですがレシーブ側の選手にとっては、レシーブが最初のショットになります。お互いのはじめの一打が、ラリーのポイントの行方を大きく左右します。そのため、サービスとレシーブがもっとも重要な練習と言われています。また、相手チームとの駆け引きが重要なソフトテニスでは、技術とともに戦術も必要です。相手のネットプレーヤーをどうかわし、ベースラインプレーヤーをどのように崩していくのかもレシーブからはじまります。

POINT②
駆け引きの基本は、相手を動かして崩すこと

まずは、相手のベースラインプレーヤーを動かして崩すことを考えます。例えば、相手がバックハンドで打たざるを得ない返球にしぼります。するとミスを誘える可能性もありますし、コートの片側へ引き留めておけます。そのような中でクロスへ打つと有効的です。

また、相手のネットプレーヤーがよく動く選手であれば、動くことを想定して現在立っているところに打ってみます。ダブル後衛の陣形であれば、前側に相手が触れるか触れないかのショットを打ってみます。このような駆け引きを考えて実行することで、相手の陣形が崩れてきます。

POINT③
セカンドサーブのレシーブでは、確実に相手を崩す

セカンドサービスは確実性が求められます。そのため、レシーバーが思い通りに打ちやすいボールがくる確率が高くなります。相手を崩すパターンには、ベースラインプレーヤーならクロスとセンター、ストレートにツイスト、中ロブがあります。コースと打ち方を組み合わせることで、何通りもの手段が考えられます。なお、ツイストとはボールにひねりや、ねじりを与えることで、ドロップとはボールをカットして打ち、ネット際に短く落とすことです。

POINT④
速いサーブはネットプレーヤーをかわして打つ

相手から速いサービスを打たれた場合は、ネットプレーヤーに取られないように返すことが基本です。この場合は、攻めを考えるよりも返球することが中心になります。相手の足元やロブで返すことが多くなります。ですが、返球が第一だから守りというわけではありません。サッカーでは、ボールを奪うことが攻撃の第一歩と言うそうです。それと同じで、次の相手側のショットを攻撃につなげるための第一歩と思えば、決して守りという消極的な選択ではありません。このような考え方がゲームを左右することもあります。

ベースラインプレーヤーのレシーブ

基本概念　ベースラインプレーヤーのレシーブ

　ベースラインプレーヤーのほとんどがクロスサイドでレシーブを打ちます。まずは、レシーブで相手のベースラインプレーヤーを動かすことを考えます。攻撃例としては、「クロスに絞る」「センターに回りこませる」「ストレートロブで走らせる」「ショートクロスで前に引きだす」などです。また、速いサービスが入ってきた場合などは、動かさなくとも「相手のベースラインプレーヤーの足元を狙う」レシーブで、相手のベースラインプレーヤーを崩すことができます。

　相手ネットプレーヤーへの駆け引きですが、よく動くタイプならば、ストレートではなく、相手が動くことを想定して、相手ネットプレーヤーの立っているコースへレシーブをします。そうすると、次のレシーブの時に、そのネットプレーヤーは自分のいるコースを意識したり、迷いが生じるはずです。レシーブを受け身にとらえず、常に相手陣形を崩す攻撃のショットと考えましょう。

クロスに絞る
相手を動かす

センターに回りこませる
相手のミスを誘う

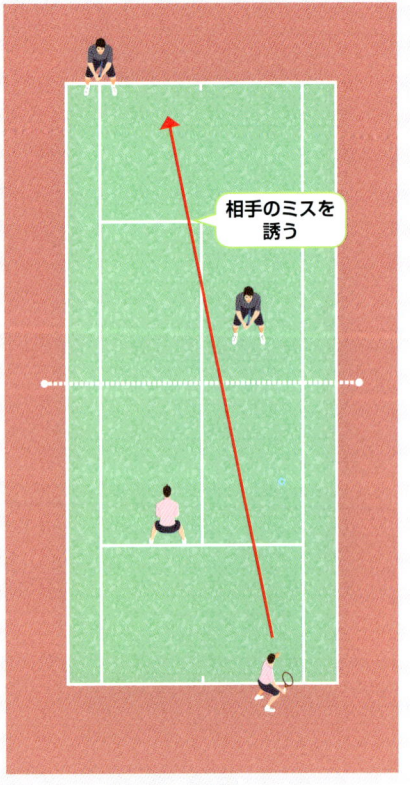

相手を惑わせるレシーブが有効。ストロークと同じで、フォームからコースを読まれないようにすることも重要

ネットプレーヤーのレシーブ

基本概念 **ネットプレーヤーのレシーブ**

　一般的に、逆クロスでレシーブを打つネットプレーヤーは、攻めのレシーブというよりも、自分がネットへ詰めていくために有効なレシーブを考えます。そのためには、逆クロス側へのサービスをバックハンドでレシーブします。すると前に最短距離で詰められ、相手にプレッシャーをかけられます。また、バックハンドで打てれば自分のペアの守備範囲を狭くできる、センターのコースに入りやすくなります。ですから、ネットプレーヤーはバックハンドレシーブが打てなければなりません。

　また、逆クロスでレシーブを打つネットプレーヤーは、カウントがゲームポイントやマッチポイントでレシーブが回ってきます。大事なカウントでレシーブを打つわけですから、甘いレシーブは禁物です。センターを攻めるときは、相手のネットプレーヤーに触れられないレシーブや、相手の心理を考えて、高さや長さをつけたレシーブが必要です。

クロスに絞る

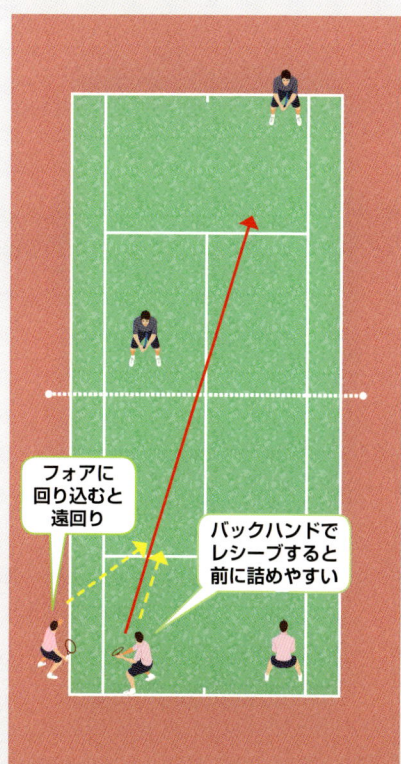

フォアに回り込むと遠回り

バックハンドでレシーブすると前に詰めやすい

甘いレシーブは禁物

高さや長さをつけたレシーブを

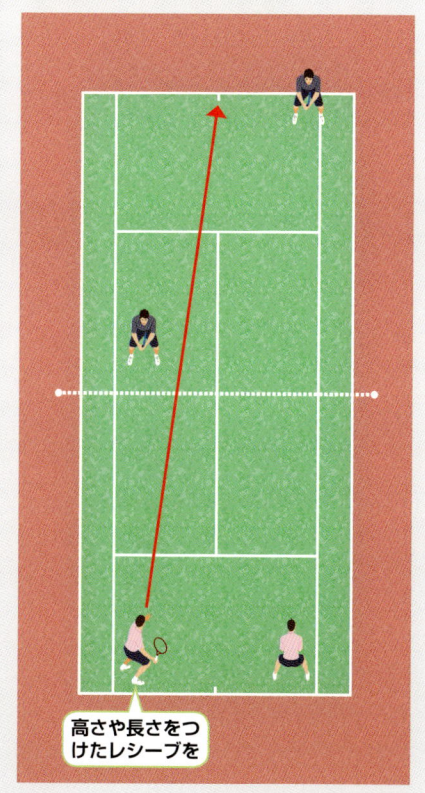

> ネットプレーヤーは逆クロスへのサービスだけではなく、センター寄りのサービスでもバックハンドでレシーブしていくと、前に詰めやすい

ファーストサービスとセカンドサービス

基本概念

　基本的にファーストサービスであっても、スピードがそれほどないファーストサービスであればレシーブでも攻撃していきます。しかし、速いサービスが入ってきた場合は、攻めるよりも相手のネットプレーヤーにかからないレシーブを第一に考えましょう。こういった場面で迷いが生じると、ミスにつながるので、攻撃できないと判断したら、次はいかに相手に攻められないレシーブを返すかに意識を切り替えていきます。これはレシーブ以外、ラリー中でも同じことです。

　一方、セカンドサービスは、確実にポイントにつながるレシーブをすることが大前提ですし、ミスは禁物です。セカンドレシーブで相手陣形を崩していくためにも、さまざまなコースや長さや高さをコントロールできるよう、レシーブのバリエーションを増やしていきましょう。

ファーストサービスの対応

速くないファーストサービスは攻める

速いファーストサービスは確実なレシーブ

セカンドサービスの対応

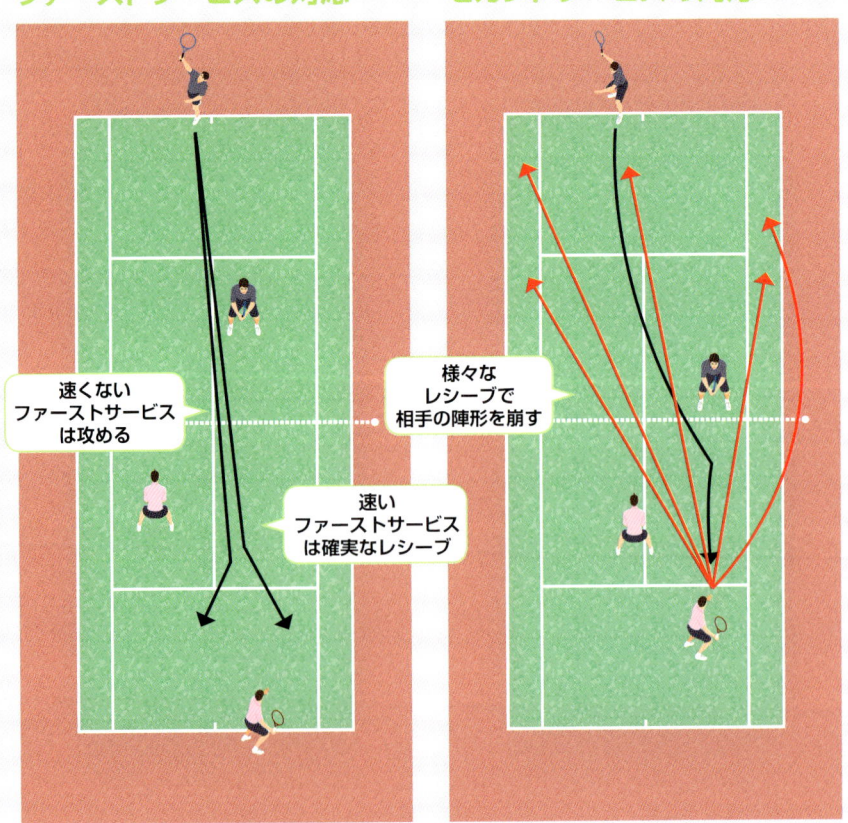

様々なレシーブで相手の陣形を崩す

ファーストレシーブでは相手のネットプレーヤーにかからないレシーブ、セカンドレシーブではミスのないポイントにつながるレシーブを目指していく

ストロークとの違い

ストロークとレシーブの違い

基本概念

　一般的に、ストロークがベースライン近くで打つのに対して、レシーブはより前側で打つことが多くなります。ネットとの距離が近くなるため、ネットにかからないように確実に、相手コートへ返球できる技術が必要になります。また、正確に相手コートへ返すだけでなく、自分たちの攻撃につなげられるような意図を持った返球が必要です。心理的な面では、ネットが近いことと、相手のネットプレーヤーがいる場合もあるため、余計なプレッシャーを受けやすくなります。試合でのプレッシャーを軽減させるためには、日頃の練習が大切です。例えば、カウントを想定したレシーブ練習などで、常に実践を想定します。

　なお、相手のレシーブに対しては、コートの前側で打てるため、積極的に角度をつけた返球をして、攻めていくことが大事です。

方向や回転に変化をつけたレシーブの練習が必要。また、カウントを想定してレシーブ練習をすると、プレッシャーのかかった実戦でもミスが少なくなる

レシーブ

メニュー 101　ネットプレーヤーのレシーブ練習①

人数	2人
時間	10分
道具	なし

ねらい
バックハンドで確実にレシーブを返す練習です。
バックハンドの技術を高めます。

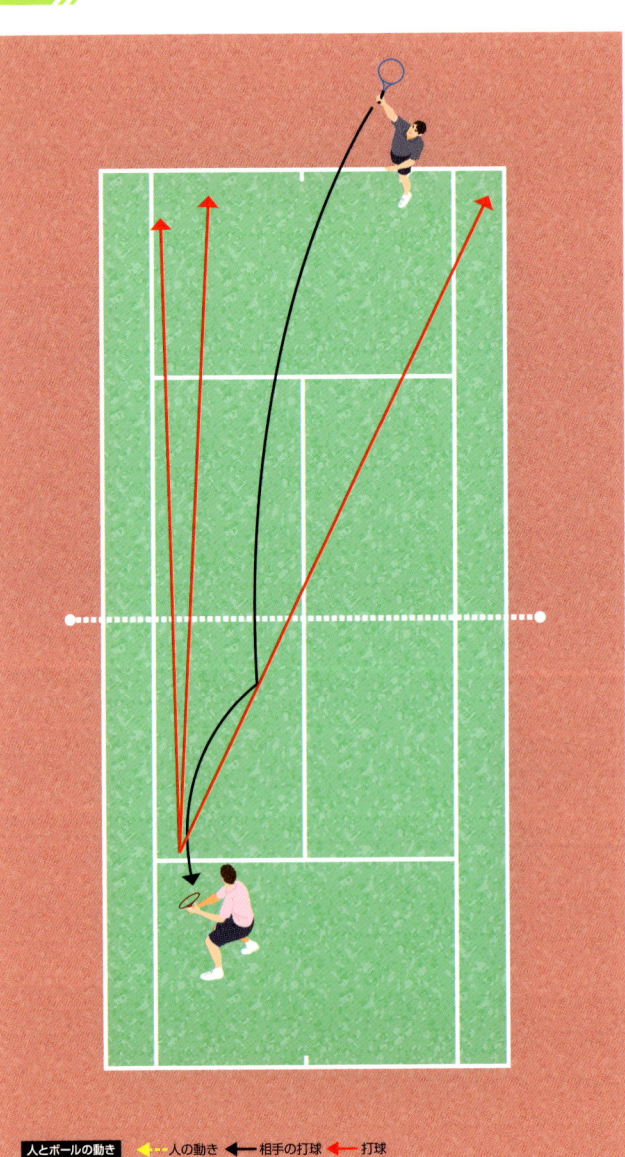

手順

① 球出しは、逆クロスからファーストサービスを打つ
② 選手はバックハンドで、様々な方向へレシーブを返す

人とボールの動き　←--- 人の動き　← 相手の打球　← 打球

まずは流しで打ち、できたら引っ張りも加える

指導者MEMO

シンプルなバックハンドでのレシーブの練習です。まずはバックハンドで流しのレシーブを覚えましょう。流しができると引っ張りも打てます。また、流しのバックハンドレシーブは、攻めのレシーブにもなります。

レシーブ

メニュー 102 ネットプレーヤーのレシーブ練習②

人数 2人
時間 10分
道具 なし

ねらい 素早く本来のポジションにつくための、レシーブの打ち方を覚える練習です。

■ 最短距離でセンターかつ前に詰められるバックハンドで構える

■ 基本はフォアハンドでレシーブ。ただし、コースによってはバックハンドで対応

■ 次の行動を考えながら、確実にレシーブをする

■ レシーブを終えたら、そのまま前に詰める

手順
① 球出しは逆クロスからフォア側にファーストサービスを打つ
② 選手はフォアハンドでレシーブを打ち返す

指導者MEMO 正面にきたサービスはバックでオープンスタンスに踏み込んでレシーブ。フォアの場合もしっかり構えてレシーブするのではなく、右利きならば右脚軸足のまま、前進しながら打ちます。

One Point! アドバイス 目的は、フォアハンドでのレシーブ強化です。相手のサービスコースが狂った場合にも対応できるように、普段からイレギュラーにも対応しましょう。

レシーブ

メニュー 103 カウントを考えてレシーブ

ねらい　プレッシャーのかかった中でレシーブを返す精神力を養います。

人数	2人
時間	5分×4回
道具	なし

手順
① 2人1組になる
② 球出しはカウントを宣言してサービスをし、選手はレシーブをする
③ カウントと状況を想定してレシーブを返す

劣勢時に挽回するレシーブなのか、マッチポイントか、場面を設定

自分へプレッシャーをかけた状況を作って練習する

指導者MEMO　攻めのレシーブは何もプレッシャーがなければ簡単に打てます。ただし、「ここ1本」という場面で弱さがでる選手には、普段からこのような練習をさせることが大切です。

メニュー 104 スプリットステップを入れたレシーブ

ねらい　相手が打つ瞬間にジャンプして初動を素早くする、スプリットステップを使ったレシーブ練習です。

人数	2人
時間	5分×4回
道具	なし

手順
① 2人1組になる
② 球出しはサービスをし、選手はレシーブをする
③ 相手がサービスを打つときに、スプリットステップを入れて動く

相手がサービスを打つ瞬間に、1歩前に踏みだす

軽くジャンプを入れ、着地と同時にボールの方へ動く

指導者MEMO　足裏全体に体重を乗せて待球姿勢をしていると、はじめの1歩が遅れます。スプリットステップを入れると、動きだしが格段に速くなります。

レシーブ

メニュー 105 深いレシーブを打つ

- 人数: 2人
- 時間: 5分×4回
- 道具: ロープ

ねらい ネット上に目安となるラインを張り、深いレシーブの軌道と打ち方を覚える練習です。

- ネットの1m上辺りにロープを張る
- 素早くボールへ寄る 
- ロープの上を通るよう、ラケットでボールを押しだすように打つ 
- ロープの上を通せると、ベースライン辺りへの深いレシーブが打てる 

手順

① ネットの1m上にロープを張る
② 球出しはサービスをし、選手はレシーブをする
③ 選手はロープの上を通すようにレシーブを打ち返す

指導者MEMO ロープの上辺りの高さを通すことで、深いレシーブを打つときの感覚を覚えられます。感覚がつかめたら、ロープを外して練習してください。また、ラリー中のストロークでも、同じような動きが必要になるため、ロープを張った練習方法は、乱打などにも活用できます。

コーディネーション

メニュー 106 ハイタッチ&ロータッチ

ねらい リズム能力や反応力を養うコーディネーショントレーニングです。レシーブに必要な素早いステップを覚えます。

- 人数：2人
- 時間：コート2往復
- 道具：なし

手順
① 2人1組で向かい合う
② サイドステップで横に移動する
③ 1ステップするごとに、両手を上や下に動かし、相手の両手にタッチする
④ コートのサイドを2往復する

指導者MEMO 特に小学生の選手に効果的なコーディネーショントレーニングです。サイドステップをしながら、相手の動きと同調して両手を動かします。

コートの幅をサイドステップしながら横に進む

1ステップごとにハイタッチやロータッチをする

コーディネーション

メニュー 107 ラケットと脚でボールキャッチ

ねらい レシーブに必要なダッシュとストップの動きを覚えるコーディネーショントレーニングです。

- 人数：1人
- 時間：コート1往復
- 道具：なし

手順
① サイドライン間に、5m間隔でボールを並べる
② 合図でスタートし、ラケットと脚を使ってボールを捕る
③ 反対側まで進んだら、反対の手脚でボールを捕りながら進む

指導者MEMO 道具を使うスポーツでは、道具を上手に使う能力（分化能力）を磨くことも大切です。このような能力を、小さい頃から鍛えていきます。

地面のボールを、ラケットと脚ではさんで浮かせる

浮いたボールをラケットを持っていない手で捕る。捕ったら次のボールへ

コーディネーション

メニュー 108 フラフープを使った球つき

人数 2人
時間 コート半面程度
道具 フラフープ、サッカーボール

ねらい 連結能力や変換能力、反応力やバランス能力、分化能力を養うトレーニングです。

手順
① 指導者などがフラフープを転がす
② 選手は手でボールをつきながら走り、片脚をフラフープへ入れる
③ 片脚を入れたまま球つきをする

まっすぐに転がるよう、両手でフラフープを押し転がす

片脚をフラフープに入れたままドリブルをして進む

指導者MEMO フラフープはまっすぐに転がします。フラフープの大きさに寄って転がる距離が違いますので、この種目の距離は厳密でなくてかまいません。

コーディネーション

メニュー 109 脚をだし入れする球つき

人数 2人
時間 コート半面程度
道具 フラフープ、サッカーボール

ねらい 変換能力や反応力、バランス能力や分化能力を養うコーディネーショントレーニングです。

手順
① 指導者などがフラフープを転がす
② 選手はそのフラフープへ片脚を入れたりだしたりして球つきをする
③ だし入れを繰り返しながら進む

球つきをしながら、脚を入れるタイミングをはかる

脚をだすタイミングをはかりながら、球つきをする

指導者MEMO これも小学生が行うといちばん効果が高くなります。はじめはフラフープの速さと自分の走る速さをそろえることから始めます。

コーディネーション

メニュー 110　ワンバウンドでキャッチ

人数 2人
時間 10回
道具 ボール2個

ねらい
目で見たものを瞬時に判断して動く、反応力を養うトレーニングです。

手順
① 2人1組。球出しは両手にボールを持ち、選手は5m離れて立つ
② 球出しはどちらかのボールを落とす
③ 選手はダッシュをし、ワンバウンドで捕る

球出しは両手の高さで構え、どちらかのボールを落とす

選手はダッシュをし、ワンバウンドで捕球する

指導者MEMO
相手の動きに瞬時に反応するためには、動きだしの1歩が重要です。このトレーニングでは、楽しみながら反応力と素早い動きだしを磨けます。

コーディネーション

メニュー 111　ノーバウンドでキャッチ

人数 2人
時間 10回
道具 ボール2個

ねらい
メニュー110よりもさらに素早く判断し、瞬時に動く反応力を鍛えます。

手順
① 2人1組。球出しは両手にボールを持ち、選手は1m離れて立つ
② 球出しはどちらかのボールを落とす
③ 選手は瞬時に反応し、ノーバウンドで捕る

球出しは両手を肩の高さで構え、どちらかのボールを落とす

選手はどちらかに1歩踏みだし、ノーバウンドで捕る

指導者MEMO
低い姿勢を意識しすぎると、ボールが視野から外れてしまいます。両方のボールが視界に入る程度に顔を上げておきます。

第6章
ボレー
Volley

ネット際でノーバウンドで打つボレーは
得点に繋がりやすいショットです。
ポイントを覚えて
確実に得点に結びつけましょう。

技術解説 ランニングボレー

POINT 1	相手とボールの動きを見ながら動きだす
POINT 2	クロスステップを使ってボールに寄る
POINT 3	ワキをしめてラケット面を立てる

ヒザを軽く曲げ、リラックスする。前かがみにならないように

1歩目は、進行方向とは逆側の脚からスタート。小さく踏みだす

早いタイミングで構えすぎない。構えるときはコンパクトに

フォアのランニングボレーでは、リラックスして軽くヒザを曲げ、つま先側に体重を乗せて構えます。ラケットは身体の幅に収めます。ランニングボレーの1歩目は、進行方向と逆の脚を素早く小さくだし、クロスステップで動きだします。テークバックが早すぎると様々なボールに対応できないため、ステップを踏みながら徐々にテークバックをします。その後軸足にためを作り、ためを送り脚へ移動しながらインパクトします。グリップを軽く握り、ボールを運びながら着地します。

POINT 4 体の前でボールを捉える

POINT 5 インパクト後もボールの行方を目で追う

POINT 6 そのまま2、3歩走り抜けてから、返球に備える

軸足に十分なためをつくってインパクトの準備をする

インパクトでは、ラケットを振らない。グリップは軽く握る

インパクト後に、送り脚が着地をする

技術解説 ボレーの打ち分け
〜引っ張りと流し〜

ボレーにもストロークと同じように、コースの打ち分けを意味する「引っ張り」と「流し」があります。例えば、右利きの人が右ストレートに対してボレーを取りに行った場合、自分の体よりも左側（コートの中）へ入れていかなければならないため、引っ張りのフォアボレーを打ちます（イラスト①参照）。一方、クロスに対してボレーを取りに行った場合は、自分の体よりも右方向を狙うと相手にフォローされにくいので、流しのフォアボレーを打っていきます（イラスト②参照）。

また、打ち分けではありませんが、取る場所が「近い」場合と「遠い」場合があります。「近い」ボレーでも「遠い」ボレーでも取り方の基本は変わりません。基本的に「近い」「遠い」「引っ張り」「流し」など、打つ場所や打つコースが違っても、技術は変わりません。これは基本技術すべてに言えることですが、一定のボールしかとれないのではなく、どのようなボールにでも対応できることこそ、基本技術なのです。この章ではボレーの練習方法を紹介していきますが、どのようなボールにも柔軟に対応できる基本技術を磨いていってください。

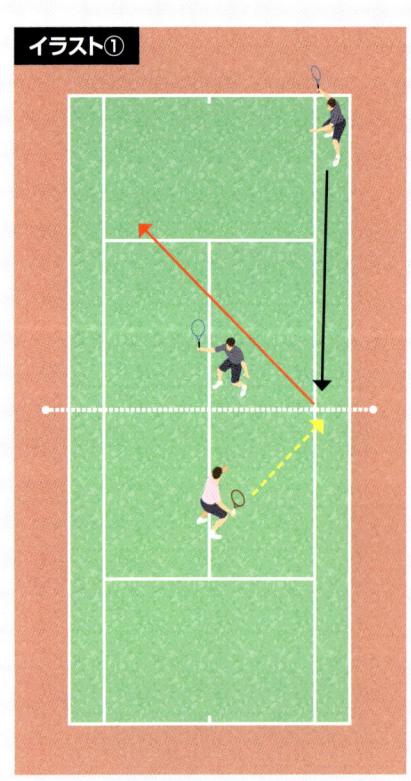

イラスト①
右ストレート展開での引っ張りのフォアボレーの動き

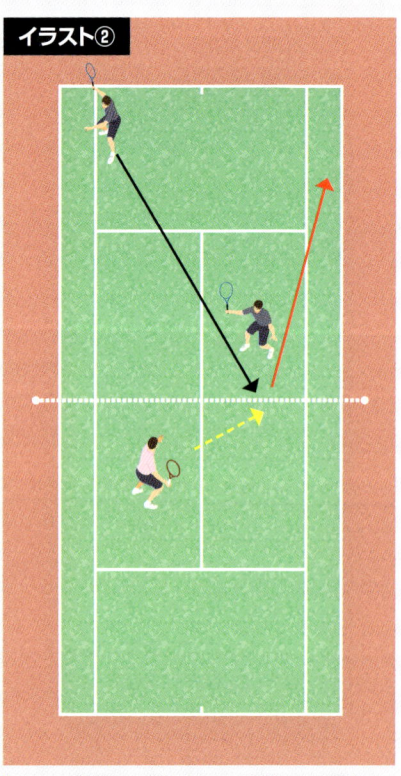

イラスト②
クロス展開での流しのフォアボレーの動き

技術解説 バックボレー

　バックボレーのメリットは、フォアボレー以上にリーチを長く使えることです。相手に背中を見せるくらい腕を伸ばすことで、かなり遠くのボールでもボレーが打てます。また、バックボレーが打てることで、フォアだけしか打てない選手と比べて、より広いの範囲の打球に対応ができることも大きなメリットです。

　ボレーはストロークの延長ですので、バックボレーの場合はバックハンドストロークと同様に、ラケットの横面を使ってボールを取ることで、打ちもらしが少なくなります。

　ボールが近い場合は、手首を緩め、ラケットを引くようにして打ちます。ボールが遠い場合には、インパクト時にラケットの面をかぶせます。

バックボレーのポイント

①グリップは中指から小指までの3本で握る
②ヒザを軽く曲げ、ラケットを寝かせ気味に構える
③右利きの場合は、右脚から動かして移動する
④上体はネットに対して肩を90度にして打つ
⑤構えと軸足設定を同時に終える
⑥ラケットの横面でフラットに当ててインパクト

POINT 1 上体は構えの状態のまま、ボールに近づく

POINT 2 ラケットの横面でインパクトし、面を上にぬいていく

POINT 3 バックボレーは、フォアボレー以上にリーチを使える

ボレー

メニュー 112 インパクトで力んでしまう選手の矯正法

人数：2人
時間：5分
道具：なし

ねらい 打つときに力む場合は、初めから力を入れておけばよいという、逆の発想で力まない動きができる練習です。

▎力を入れてラケットを握り、力んだ状態をつくる

▎力んだままステップをし、ボールに寄る

▎インパクトでラケットを離すつもりで力を抜く

▎インパクト後は、ラケットを落とすくらいでもよい

手順

① 2人1組になる
② 選手は力を入れてラケットを強く握る
③ 球出しはフォア側にボールを出す
④ 選手はランニングボレーをし、インパクトと同時にラケットを離すつもりで力を抜く

指導者MEMO
「力め」と指示をすると、力みが持続せずに、自然と力を抜いてしまいます。時には逆の発想が効果を発揮します。

One Point! アドバイス
グリップを手のひらに乗せてラケットを立て、手根（P143）が平行になるように握ります。持ち方が違うと手首を使えません。

ボレー

メニュー 113
フットワークの1歩目の矯正

人数	2人
時間	5分
道具	なし

ねらい 進行方向側の脚から動いてしまう選手に、クロスステップを覚えさせる矯正練習です。

▎事前に右脚に体重をのせておく

▎すると強制的に左脚から動かすようになる

▎クロスステップを使ってボールに寄る

▎ランニングボレーをする

手順
① 2人1組になる
② 球出しはフォア左側にボールを出す
③ 選手が右利きの場合は右脚に、事前に体重をのせておく
④ 選手はランニングボレーをする

指導者MEMO 右利きのフォアボレーでは進行方向の脚ではなく左脚から動かします。右脚を重くしておくと、左脚から動きだせます。

One Point! アドバイス 動きができてきたら、通常の練習に戻します。いつまでも矯正練習を続けると、その動きが悪いクセになってしまいます。

ボレー

メニュー 114 フットワークの脚の運び方

人数	1人〜
時間	5分
道具	なし

ねらい　ボールをとらえるまでのフットワークと、ための感覚を覚える練習です。

フットワーク

左脚から踏みだしてスタートする

次のステップで力強く踏みきれるよう、左脚に体重を乗せて着地する

ための感覚

クロスステップでスタートした後、左脚のかかと側で地面をける

右脚で着地すると、ヒザを中心に力がたまるのを感じられる

手順

フットワーク
① ラケットを持って立つ
② 左脚を右脚の前にだすようにしてスタートする
③ そのままボールに寄ってボレーをする

ための感覚
① ラケットを持って立つ
② 左脚のかかとで地面を押すようにして右脚を踏みだす
③ このときに右脚のヒザが曲がり、ためができる

指導者MEMO　インパクトのときは、ボールを軸足で運び、移動しながら離すイメージの動きです。まずは十分なためをつくる動きを覚えましょう。

ボレー

メニュー 115 2本指ボレー

人数 1人〜
時間 3分
道具 なし

ねらい 手首のスナップを使って、ボールを運ぶように打つ動きを覚える練習です。

親指と人差し指を中心にしてラケットを握る

インパクトでは、親指と人差し指で握りながら、手首のスナップでボールを押す

手根（P140参照）

インパクトの瞬間は、親指と人差し指を中心にグリップを握る

インパクト後は、2本の指と手首のスナップでボールを前に押す

手順

① 2人1組になる
② 選手は親指と人差し指でラケットを持つ
③ 球出しは選手のラケットをめがけて球を出す
④ 選手は手首のスナップでボールを押しだすようにボレーをする

指導者MEMO
ボレーでは、ボールを押す動きが重要です。2本の指で握ると、ラケットの柄の下側が動かせます。この可動範囲を目一杯使って、ボールを前に押していきます。この押す感覚をつかみましょう。

ボレー

メニュー 116 引っ張りのフォアボレー

ねらい
もっとも難しいとされる、引っ張りのフォアボレーの精度を高める練習です。

人数：2人〜
時間：5分
道具：なし

手順
① 2人1組になる
② 球出しはストレートに打つ
③ 選手は走りこみ、引っ張り側へボレーをする

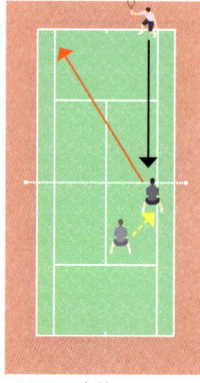

コートの中央側に向かってボールを押すようにボレーする。身体から遠ければ横面で、近ければ横面をたてに使ってボレーする

指導者MEMO
フラット面でインパクトし、ラケットを横面から上に向ける（たて面）ことでドライブ回転がかかり、コートの内側へ入っていきます。

ボレー

メニュー 117 流しのフォアボレー

ねらい
タイミングを遅らせて流す方向へのフォアボレーの精度を高める練習です。

人数：2人〜
時間：5分
道具：なし

手順
① 2人1組になる
② 球出しはクロス方向に打つ
③ 選手は走りこみ、流し方向へボレーをする

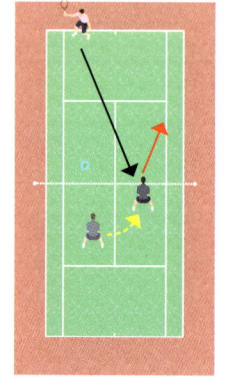

打点をやや遅らせ、逆クロスへ流す。インパクトでボールの勢いに負けないよう、グリップの可動域を使ってボールを押す

指導者MEMO
引っ張りと流しを別々に練習したら、状況に応じて打ち分ける練習をしてみましょう。普段から状況判断することで、実戦にも強くなります。

メニュー 118 流しのバックボレー

ボレー

人数 2人〜
時間 5分
道具 なし

ねらい 流し方向へのバックボレーの面使いを覚える練習です。

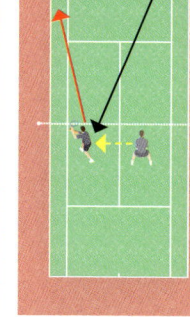

手順
① 2人1組になる
② 球出しは逆クロス方向に打つ
③ 選手は走りこみ、バックハンドで流し方向へボレーをする

フラット面でインパクトする。その後に利き腕の親指を緩め、スライス回転をかけて流す

指導者MEMO 方向ごとにかける回転の基本があります。流しはフラット面からスライス回転をかけます。引っ張りはフラット面からドライブ回転をかけます。

メニュー 119 引っ張りのバックボレー

ボレー

人数 2人〜
時間 5分
道具 なし

ねらい 引っ張り方向へのバックボレー精度を高める練習です。

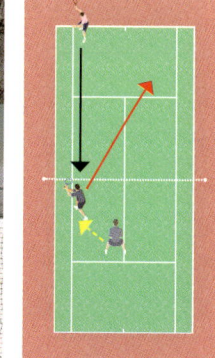

手順
① 2人1組になる
② 球出しは左側からストレート方向に打つ
③ 選手は走りこみ、バックハンドで引っ張り方向へボレーをする

打ちたい方向にラケットを向けてコースを狙う。遠くのボールは手ではなく肩で追いかける

指導者MEMO できるだけ早くコースへ身体を入れることが重要です。バックボレーの引っ張りは、ラケットの面で方向づけができれば、コートに入ります。

ボレー

メニュー120 ポケットに手を入れてボレー

人数 2人〜
時間 10分
道具 なし

ねらい
利き腕が右の選手は、左手を使いすぎる場合があります。この練習はそのときの矯正練習です。

NG 左手を使いすぎるとリーチが伸びなくなる

左手を入れたままクロスステップでボールに寄る

利き腕だけでフォアハンドボレーをする

インパクト後、左脚を送りだす

手順
① 2人1組になる
② 選手は左手をポケットに入れて待球姿勢をつくる
③ 球出しはクロス方向に打つ
④ 選手はポケットに手を入れたまま走りこみ、フォアハンドでボレーをする

指導者MEMO
右利きの場合、左手を使いすぎるとボールに届く範囲が狭くなります。左手がラケットを触っていると、リーチが伸びなくなります。左手を使うことが弊害になってしまうのです。左手は使いすぎず、使わなすぎずが基本です。使いすぎる選手には、このように矯正しましょう。

| ボレー |

メニュー 121 左手でラケットを持ち続けてボレー

- 人数：2人〜
- 時間：10分
- 道具：なし

ねらい 利き腕と反対の手が使えない選手に、適度に両手を使うことを伝える矯正練習です。

■ 左手を使わないとバックスイングが大きくなり、振るボレーになってしまう

■ 左手は、じゃまになる直前までラケットにそえておく

■ ボレーをする。ボールが近い場合は左手をそえたまま

■ インパクト後、左脚を送りだす

手順

① 2人1組になる
② 選手は左手もラケットにそえて待球姿勢をつくる
③ 球出しは右側からクロス方向に打つ
④ 選手はラケットに手をそえたまま走りこみ、フォアハンドでボレーをする

指導者MEMO 左手を使えない選手は、右手だけで手打ちしてしまうことが多々あります。ボレーでの左手には、打つコースの方向づけをするという大切な役割があります。なお、ボールが身体に近い場合は左手も身体の近くに、遠い場合は左手を引くようにして使います。

ローボレー

メニュー 122 ローボレーの基本

人数：2人
時間：10回×3セット
道具：なし

ねらい 腰よりも下のボールをノーバウンドで打ち返す、ローボレーを覚えます。

▎ボールの方向を見定めて寄っていく

▎軸足にためをつくってラケットを引く

▎体重を前に移しながら、ボールを前に運ぶ

▎インパクトをしてから送り脚が着地する

手順

① 選手はサービスラインの前で構える
② 球出しは斜め前から、手投げで低に球を出す
③ 選手は走り込んでローボレーを返す
④ 同様にバックハンドのローボレーも行う

指導者MEMO ストロークの延長にあるのがローボレーです。ストロークには回転動作がありますが、ローボレーは体重移動だけで行います。ネットに近いほど重心が上がり、離れるほど重心は下がります。

メニュー 123 ローボレー
ブロックに脚を乗せてローボレー

- 人数：2人
- 時間：各5分
- 道具：ブロック

ねらい ローボレーの体重移動で必要な、軸足のためをつくる練習です。

フォアハンド

軸足をブロックに乗せて構える

軸足を伸ばして体重を前に移し、ローボレーをする

バックハンド

軸足をブロックに乗せて構える

軸足を伸ばして体重を前に移し、ローボレーをする

手順

① サービスラインの前にブロックを置く
② 選手は軸足をブロックに乗せて立つ
③ 球出しは、斜め前から手投げで球を出す
④ 選手は軸足をブロックに乗せたまま、ローボレーをする

指導者MEMO ヒザにためができやすくなります。ゆっくりとした球出しなので、ドライブなどの回転のかけ方も覚えやすいでしょう。

One Point! アドバイス 軸足で地面を強く蹴ることで、より力強くボールを運べます。そのためにしっかりとためをつくることが必要です。

| ローボレー |

メニュー 124 ラケットからの球出しをローボレー

人数：2人
時間：各5分
道具：なし

ねらい 力強いボールに対して、ヒザのためと体重移動を使ったローボレーで返球する実戦練習です。

フォアハンド

軸足に体重を乗せ、ヒザにためをつくる

ヒザを伸ばし、体重移動を使ってボールを前に運ぶ

バックハンド

軸足に体重を乗せ、ヒザにためをつくる

フォアハンドと同じように、体重移動を使ってボールを前に運ぶ

手順
① 選手はサービスラインに立つ
② 球出しはベースラインからボールを上げる
③ 同様に、バックハンドのローボレーをする

指導者MEMO
サービスライン付近で打つことが多いローボレーでは、相手の打ち方からコースや高さなどを予測して対応することが必要になります。実戦形式の練習では、ローボレーなどの技術を磨くことはもちろんですが、コースや高さの予測力や状況の判断力も磨いてください。

メニュー 125 ローボレー
自分の球出しから ローボレー

- 人数: 2人
- 時間: 各5分
- 道具: なし

ねらい より実戦的な生きたボールをローボレーする応用練習です。

■ 相手に向かってボールを送る

■ 連続動作の中でローボレーを打つため、相手がテークバックを終えたら一度止まる

■ スプリットステップを使い、ボールに寄る

■ ローボレーで相手コートに返す

手順
① 選手はサービスライン付近に、相手は反対のサービスライン立つ
② 選手は相手にボールを送る
③ 相手は選手に向かって強めにショットを打つ
④ 選手はローボレーで返す
⑤ ストレート／クロス／逆クロスの3コースで行う

指導者MEMO この練習は、メニュー122（P148）から続く段階的な練習の最終段階の1つです。多くの選手が苦手とするローボレーの技術を、段階を踏みながら確実に覚えてください。また、フットワークを加えたローボレー練習は、継続して練習をしてください。

アタックボレー

基本概念 アタックボレー

アタックボレーは、相手のシュートボールの勢いを止めるように打ち、ネット際の角度のあるところにボールを落とします。打ち方はフォアとバックで異なりますが、ボールを上から見るという点と、手首を返してラケットの面を立てる点は、どちらの打ち方でも重要なポイントです。

※なお、ベースラインプレーヤーへの返球に飛びこんでのボレーをポーチと言います。

フォアのポイント
① 右肩が後ろに下がらないように構える
② 身体を前にだし、ボールの正面に入ってボレー

バックのポイント
① 相手がテークバックをしたら、右脚にためを作る
② 右脚でステップをし、左脚の着地と同時にボレー

戦術面のポイント
① 意図的にコースに空きを作り、空いたコースへの返球をボレーする
② 相手と距離があるほど、相手は角度をつけた返球をしやすいため、あけるコースも広くする。距離がないほど角度をつけにくいため、あけるコースもせまくなる

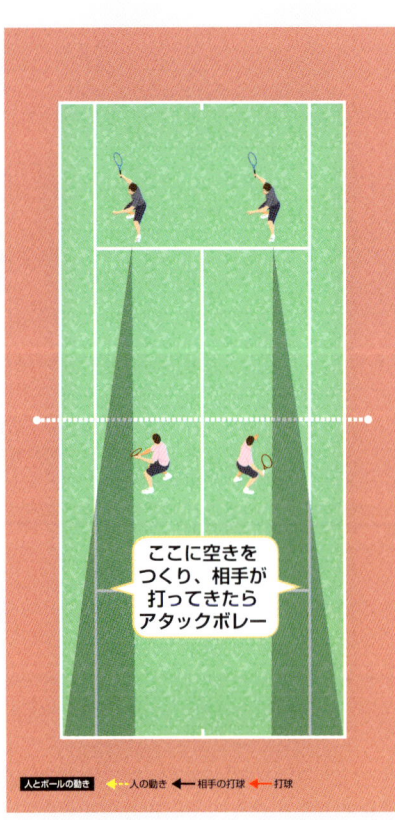

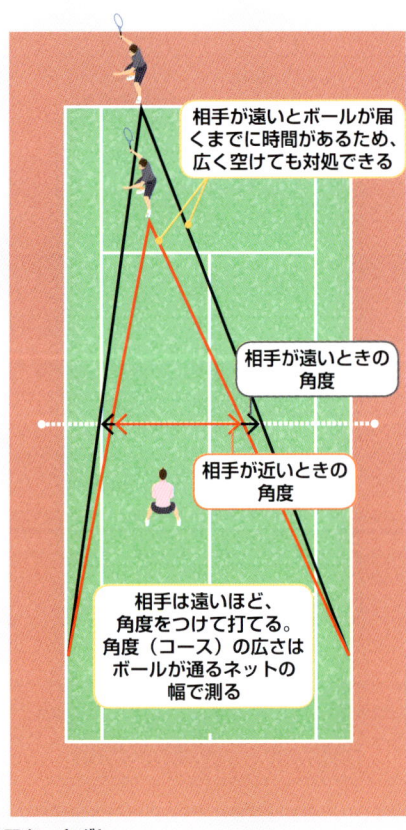

ここに空きをつくり、相手が打ってきたらアタックボレー

相手が遠いとボールが届くまでに時間があるため、広く空けても対処できる

相手が遠いときの角度

相手が近いときの角度

相手は遠いほど、角度をつけて打てる。角度（コース）の広さはボールが通るネットの幅で測る

人とボールの動き ← 人の動き ← 相手の打球 ← 打球

■ 意図的にコースをあけ、あけたコースへの返球をアタックボレー

アタックボレー

メニュー 126 カゴでアタックボレー

人数	2人
時間	5分
道具	カゴ

ねらい 両腕を使う感覚と、ボールを上から見ることを覚える練習です。

- 両手でカゴを持って構える
- ボールを上から見ながら寄っていく
- できるだけ身体を正面に運び、カゴでアタックボレー
- プレー中はできるだけ目を開けておく

手順

① 選手はネットの前に立ち、両手でカゴを持つ
② 球出しはサービスライン辺りから、ラケットで強打して球を出す
③ 選手はボールの正面に移動し、カゴでボレーをする

指導者MEMO

アタックボレーでいちばん大切なのは、ボールを怖がらないことです。この練習では面積の広いカゴをつかうため、恐怖心が薄れます。恐怖心が少なければ、冷静にボールを上から見られます。また、身体をボールの正面に移動し、両手でボール取る動きが覚えやすいでしょう。

アタックボレー

メニュー 127 強打をアタックボレー

人数 3人
時間 10本×3回
道具 なし

ねらい 恐怖心を取り除きながら、アタックボレーのフォームをつくる練習です。

■ 球出しは相手の技術に応じて打ち方の強度を変える

■ ある程度できる選手には、強打で球出しをする

■ 右脚、左脚の順に素早くステップし、ボールの正面でアタックボレーをする

■ ボールの行方を目で追う

手順

① 選手はネット前に立つ
② 球出しは反対側のネット前から強打で球を出す
③ 選手はアタックボレーで返す

指導者MEMO

これは少し難易度の高い練習です。選手の技術に応じて、練習のレベルを変えてください。技術がない段階では、手投げのボールをボレーします。次はラケットで軽めに球だしをします。それらができたらこの練習や、自分でボールを送り、強打の返球をボレーします。

アタックボレー

メニュー 128　3方向ボレー

- 人数：4人
- 時間：9本×3回
- 道具：なし

ねらい
バック、正面、フォアを使ったアタックボレーを習慣づける練習です。

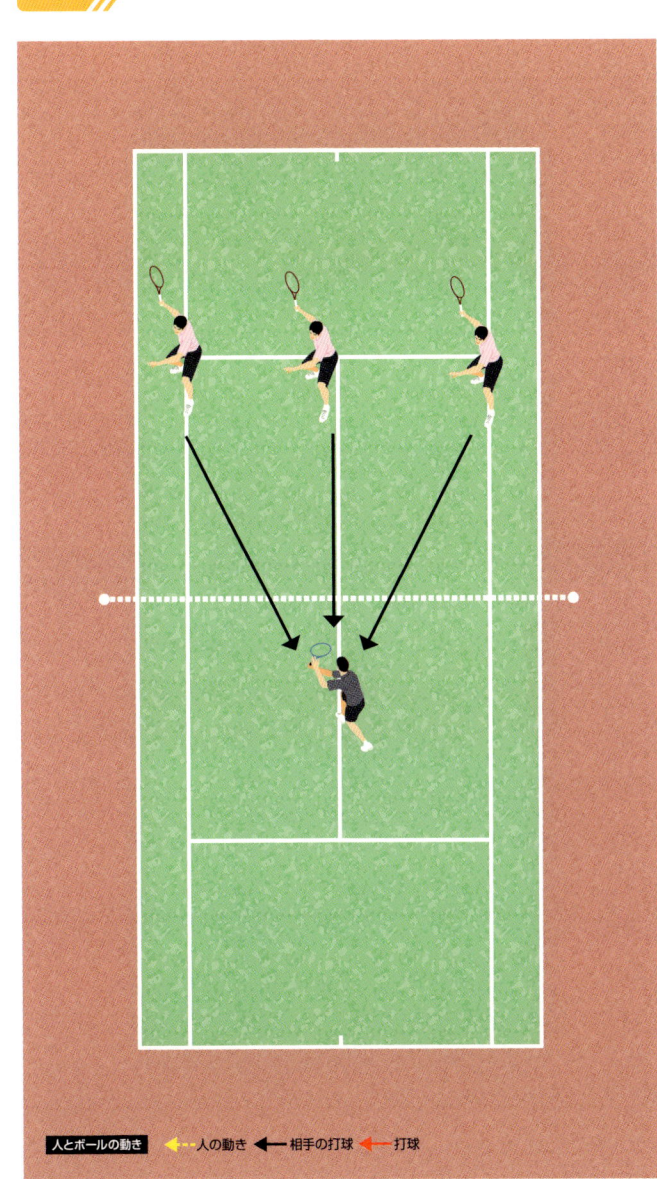

手順

① 4人1組になる。そのうち3人が球出し役
② 選手はセンターライン上に立つ
③ 球出しの3名は、クロスとセンター、逆クロスのサービスライン上に立つ
④ 3方向から順に球出しをする
⑤ 選手はすべてのボールをバック面でボレーする

指導者MEMO
3人の球出しは、リズムよく順番にボールを上げてください。選手はそのボールに対して、ラケットだけを動かす、車のワイパーのような動きで対応してはいけません。できるだけ全身をボールの正面に運び、1球1球ボールを上から見て止めていきましょう。

人とボールの動き　←--人の動き　←相手の打球　←打球

どのコースのボールでも常に上から見て、身体全体で押さえるように取る

アタックボレー

メニュー 129 オーバーネットでアタックボレー

人数: 2人
時間: 10本×3回
道具: なし

ねらい アタックボレーに対する恐怖心を取り除く矯正練習です。

ワキをネットに乗せ、手首を返し、ラケットを立てて構える

ボールを上から見て、ラケットをかぶせるようにボレーする

NG 目をつぶってしまうと、うまくラケットをかぶせられない

NG 普段このようになる選手には、この矯正練習が最適

手順
① 選手はネットにワキを乗せて立つ
② 球出しはサービスラインから強打で球を出す
③ 選手はワキをネットに乗せたままボレーをする

指導者MEMO ワキをネットに乗せると、ボールから逃げられなくなります。この状態で上からボールを見ましょう。繰り返し練習をすると、ボールのスピードに目が慣れ、恐怖心も徐々に薄れていきます。

スイングボレー

メニュー 130 スイングボレーの基本

人数 2人
時間 10分
道具 なし

ねらい ローボレーよりも高めの、甘めに返ってきたボールに対する攻めのボレーの基本を覚えます。

▍肩から頭くらいの打点で打つボレーがスイングボレー

▍ボールに向かって前進しながらスイングをはじめる

▍高い打点で横から縦に打ち、ボールに順回転を加える

▍スイングボレーは、ボールを払うように強打する

手順

①選手はサービスライン上で構える
②球出しは反対側のベースラインから、フワッとした球を出す
③選手はスイングボレーをする
④これを10分繰り返す

指導者MEMO
スイングボレーは、ネットの近くで、かつノーバウンドで打つストロークとイメージしてください。前進しながら打つのが特徴で、フォアハンドでもバックハンドでも、ラケットを横から縦に使い、払うように強打します。また、身体を大きく回転させてスイングします。

スイングボレー

メニュー 131 スイングボレーの練習

人数 2人
時間 10分
道具 なし

ねらい 前進する動きを使わずに、スイングボレーのフォームを作る練習です。

選手の首辺りの高さになるよう、フワッとボールを投げる

テークバックをしながら、立ち位置を微調節する

ラケットを横から縦に使い、ボールに順回転を与える

打点が高くなるほど、ボールを払うように強打する

手順
① 球出しはネット際から球を出す
② 選手はボールに対して位置を調節する
③ 選手はラケットを横から縦に使って強打する

指導者MEMO ラケットからの球出しでは、球を出す場所がバラつきやすくなります。スイングボレーのように、一定の場所に球出しをしたい場合には、手でボールを投げると場所が安定しやすくなります。特に打ち方のフォームを作りたいときや、初心者の練習には最適のやり方です。

メニュー 132 ストップボレー

ねらい　ボールの勢いを一瞬でなくす打ち方である、ストップボレーの感覚をつかむ練習です。

- 人数：2人
- 時間：10分
- 道具：なし

手順
1. 選手はネット前に立つ
2. 球出しは選手の反対のネット近くから球を出す
3. 選手はそのボールをストップボレーする

▎ラケットをかぶせられるように面を立てて構える

▎ボールが当たるのと同時にラケットをかぶせ、方向づけをする

指導者MEMO　アタックボレーよりも高等技術で、気持ちに余裕が必要です。勢いをなくすためには、ラケットを引くのではなく、ラケットをかぶせます。

メニュー 133 ストップボレーでカゴにボールを入れる

ねらい　ボールにラケットをかぶせ、狙った場所に落としていく練習です。

- 人数：2人
- 時間：10本×3回
- 道具：カゴ

手順
1. 選手はネット前に立ち、選手の反対のネット前にカゴを置く
2. 球出しは選手の反対側のネット近くから球を出す
3. 選手はストップボレーをする。ラケットをかぶせ、カゴにボールを入れる

▎カゴをめがけてラケットをかぶせていく

指導者MEMO　カゴはあくまでも目標ですので、必ず入れなくてもかまいません。ですが、10本中何本入るかなどを競うと、選手たちはより集中します。

メニュー134 4コースボレー

ボレー総合

人数：2人〜
時間：7分×4コース
道具：なし

ねらい
4つのコースへのボールに対して、適切なボレーで返す実戦練習です。

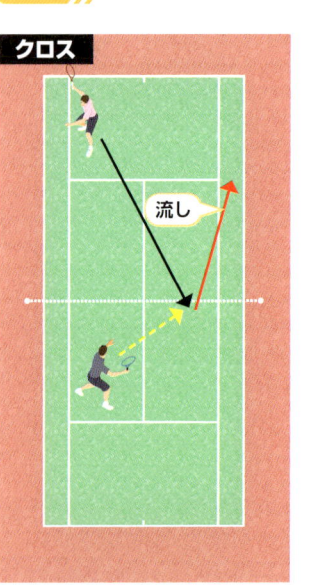

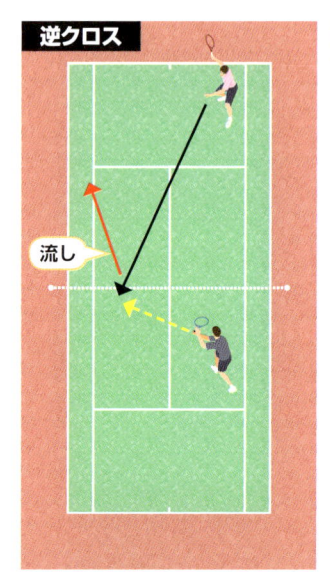

クロス / **逆クロス**（流し）

右ストレート / **左ストレート**（引っ張り）

手順
① 2名1組になる
② 球出しはイラストの4カ所のうち、どこかに入る
③ 選手はサービスエリア前で構える
④ 球出しのボールに対して、適切なボレーで返球する
⑤ 4カ所からの同様に行う

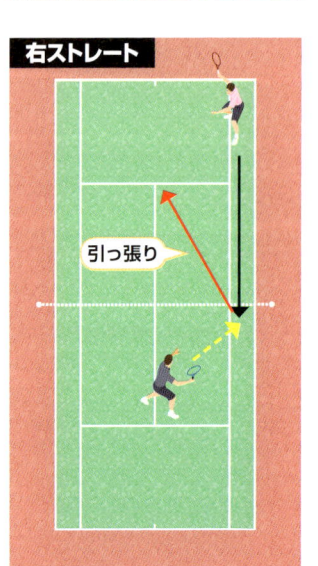

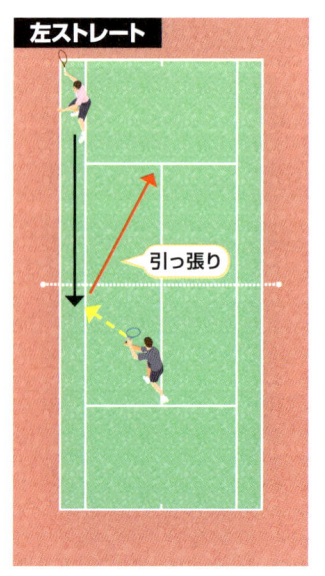

指導者MEMO
4コースからのボレー練習です。ただこなしてしまうと意味がありません。例えばフォームに気をつけたり、意図的に遅れてスタートしたりと課題を持って取り組んでください。ここでは2名1組での練習を紹介しましたが、球だしを4名にし、順々に打ってもよいでしょう。

実戦を想定して1本1本打ち返す。球出しをよく見てスタートする

2コースからの
ボレー練習

メニュー 135
ボレー総合

人数：3人
時間：10分
道具：なし

ねらい 球出しのスタンスを見てコースを判断し、適切な場所から適切なボレーで返す複合練習です。

▌相手のスタンス（クローズドスタンスかオープンスタンスか）を瞬時に見て、コースを読んで動く

クローズド スタンス　か　オープン スタンス

▌慣れてきたら、球出しは順番通りにださなくてもよい。球出しは脚の向きと反対側へ打つ

手順

① 選手はセンターポジションに、球出しはクロス側と逆クロス側に入る
② 球出しは、クロス側、逆クロス側の順に球を出す
③ 球出しは、クローズドスタンスの時はクロスもしくは逆クロスへ、オープンスタンスの時はストレートへ、球を出す
④ 選手はスタンスでコースを判断し、適切なボレーで返す

指導者MEMO 駆け引きとして、意図的に打つ方向と違うスタンス（オープンスタンスかクローズドスタンスか。P181参照）をする場合があります。慣れてきたら、球出しはそのような動きをしてもよいでしょう。

ボレー総合

メニュー 136 判断ボレー練習

人数	2人
時間	3分×4コース
道具	なし

ねらい 言葉を聞きながら判断し、動くことを瞬時におこなう練習です。

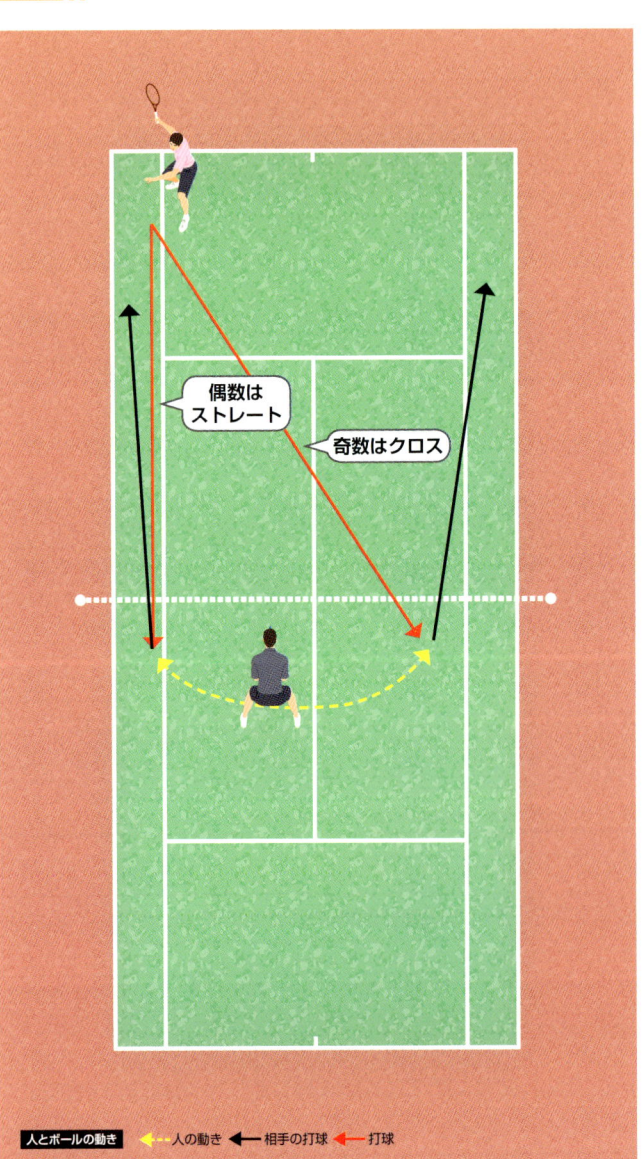

手順

① 選手はクロスのポジションに入る
② 球出しも反対側のクロス側に立つ。球出しは1桁の数字を言ってから打つ
③ 奇数の場合はクロスへ、偶数はストレートへ球を出す
④ 選手は球出しの声でコースを判断し、ボレーをする
⑤ 逆クロス、左ストレート、右ストレートの球出しで同様に行う

偶数はストレート
奇数はクロス

人とボールの動き　人の動き　相手の打球　打球

1球1球しっかりとポジションをとって動く

指導者MEMO

聞いて考えて動くという、脳を刺激する練習です。この他には、球出しが掛け算や割り算の式を言い、選手は答えが奇数か偶数でコースを判断するといった練習もあります。さらにこのような練習では、集中力も養われます。

ボレー総合

メニュー 137 14本取り

人数	4人
時間	15分
道具	なし

ねらい 連続プレーの中で、さまざまなネットプレーに対応する力を身につける練習です。

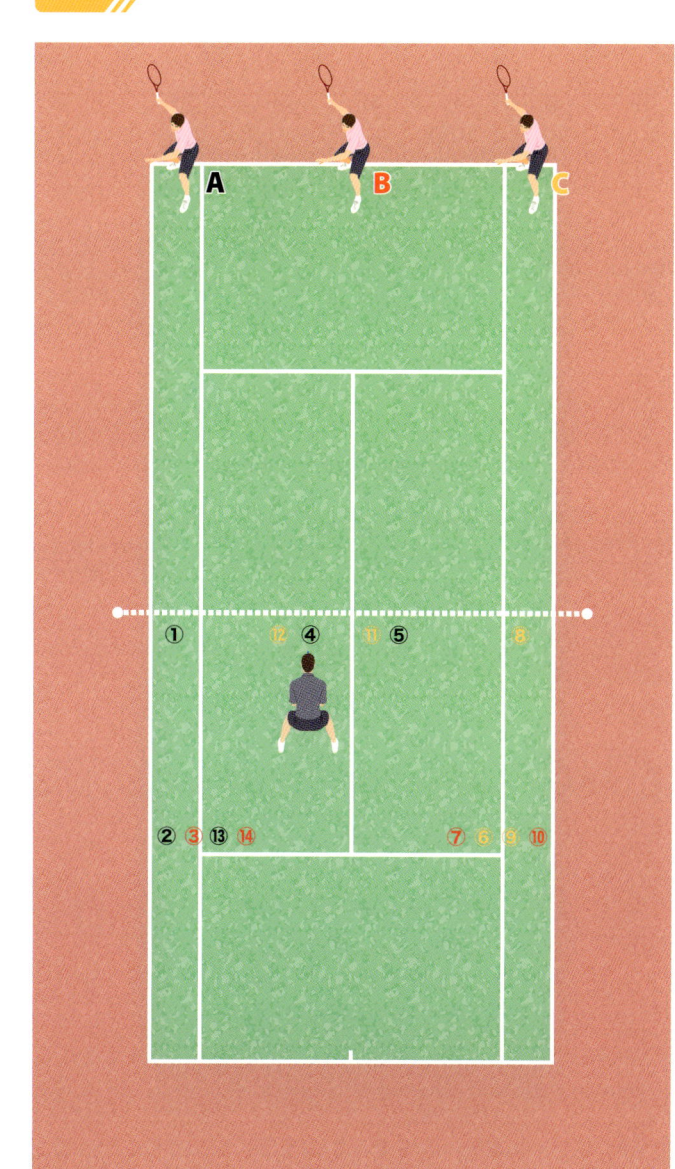

手順

① 球出しと選手は、それぞれ下記の順に打つ
② 14本打ち終えたら、次はクロスポジションから14本取りをする

球出しのボール

Aは1、2、4、5、13に、Bは3、7、10、14に、Cは6、8、9、11、12に球出し

選手が返すボール

① 左ストレートのバックボレー
② 左ストレートのスマッシュ
③ 左ストレートのローボレー
④ 前に詰めてセンターでのアタックボレー
⑤ クロスのポーチボレー
⑥ 右ストレートのスマッシュ
⑦ 右ストレートのローボレー
⑧ 前に詰めて右ストレートのフォアボレー
⑨ 右ストレートのスマッシュ
⑩ 右ストレートのローボレー
⑪ 前に詰めてセンターでのアタックボレー
⑫ 逆クロスのポーチボレー
⑬ 左ストレートのスマッシュ
⑭ 左ストレートのローボレー

はじめのうちは、選手に合わせてゆっくりと球出しをする

コーディネーション

メニュー 138 座ってのボレー

人数	2人
時間	5分
道具	イス

ねらい 手首と握りの遊び部分を有効に活かし、ラケットに乗せたボールを運ぶ感覚をつかむ練習です。

▌選手はサービスラインに置いたイスに座る

▌手首を使ってラケットを構える

▌ラケット面にボールを乗せるように手首を前にだす

▌ボールを前に運ぶように手首を伸ばす

手順

①球出しは反対側からゆるいボールを打つ
②選手はイスに座る
③球出しは一定のリズムで球を出す
④手首をやわらかく使い、ボレーで返す

指導者MEMO 自由に動かせるのは、手首とヒジ、肩しかありません。様々な方向に対応するには、グリップを柔らかく持ち、手首を柔軟に使う必要があります。手首が柔らかく使える選手は、両足の裏をつけたまま返球できます。ところが力んでしまうと、足の裏が浮いてしまいます。

コーディネーション

メニュー 139 背面ポンポン

人数	2人
時間	3分
道具	なし

ねらい 見えない場所でも、自在にラケットを使えるようになる、コーディネーショントレーニングです。

▌ボールの落下点を見極め、ラケットが届く位置に動く

▌ボールの軌道を予想し、背面からラケットを振る

▌ラケットの方を見ると、ラケットを持った側の肩が大きく動かせる

▌相手のコートまで打ち返せたらOK

手順

①2人1組になる
②それぞれネットから5mほど離れて立つ
③片方は山なりのボールを打つ
④もう1人はラケット背面に回してボールを打ち、相手に返す

指導者MEMO 実戦の中で瞬時にフォローする際などは、視界から見えない場所でラケットを操作しなければなりません。背面でラケット操作することに、日頃から慣れておくと実戦で生きてきます。慣れてきたら3mほどの距離で向かい合い、お互いが背面での連続トスを続けてみましょう。

コーディネーション

メニュー 140 お尻をついたまま連続ボレー

人数	2人
時間	1人10本×3回
道具	なし

ねらい 全身を使って返球するコーディネーショントレーニングです。ラケットの柔らかい使い方の練習にもなります。

■ 選手はサービスラインに置いたイスに座る

■ 腹筋で上体を起こしたままボレーで返球する

■ ボールがそれても、できるだけボレーで返す

■ 練習中は常に上体を起こしておく

手順

① 選手はサービスラインの前に座る
② 球出しは反対側のネット近くに立つ
③ 球出しは一定のリズムで球を出す
④ 選手は腹筋を使って上体を起こし、ボレーをする

指導者MEMO 選手は上半身をバランスよく動かし、距離感や力の入れ具合など調節しながら、狙った場所へボールを返します。球出し側は容赦なく、一定の間隔で球出しをします。腹筋を使って上体を起こし続けるため、コーディネーションでありながら、かなりきつい練習になります。

第7章
スマッシュ
Smash

大きく身体を使って頭上から強く打ちこむスマッシュは、
もっとも得点力のあるショットです。
スマッシュに適したグリップや
フットワークをしっかり身につけましょう。

基本概念 スマッシュ

相手が上げそこなったボールには、前へ踏みだすスマッシュで対応することが多くなります。また、追いかけるスマッシュのほとんどがジャンピングスマッシュです。技術的なことでは、まずグリップの握り方から説明します。理想的なのは、手首を返して使いやすいセミイースタンです。初心者や女子選手ではウエスタンで握る選手が目立ちますが、これでは手首が自由になりません。できるだけセミイースタンに変えていきましょう。

次に後ろへの下がり方です。まずはサイドステップを使って、進む方の脚から動かします。中盤からはクロスステップを使って下がり、最後にジャンプへつなげます。下がるときの身体の向きは、ネットに対して45度にします。

最後にスイングの動きを説明します。構えは、利き腕のヒジを高く上げ、グリップエンドがボールを指すようにラケット面を下げます。左手はゆるめて、60度程度に上げておきます。この状態から、上体の回転を使ってラケットを前へだし、インパクトしてから振り抜きます。

▌フットワークは、サイドステップではじめ、クロスステップに移す

▌身体の向きはネットに対して45度程度にする

| 技術解説 | # 踏みだすスマッシュ |

| POINT 1 | 後ろ脚に体重を乗せ、利き腕のヒジを高く上げる | POINT 2 | ラケット面を下げ、グリップエンドでボールを指す | POINT 3 | 身体の回転を使ってラケットを前へだしてインパクト |

構えでは、左腕は60度に上げる

グリップエンドを上に向けてスイングに入る

グリップは手首が返しやすいセミイースタンが理想

ジャンピングスマッシュ

技術解説 ジャンピングスマッシュ

POINT 1	打つ場所を見極めて素早く移動し、体の軸を崩さずにジャンプ
POINT 2	両ヒザを曲げて空中で止まり、全身を弓なりにしてためをつくる
POINT 3	全身を「く」の字にしてスマッシュする

体の軸をまっすぐにするには、両脚で同時に踏み蹴る

左腕は打点をつかむのではなく、身体と同じ向きに伸ばす

両脚と両腕を前にだして打つと、結果的に「く」の字ができる

スマッシュの「引っ張り」と「流し」

基本概念

スマッシュの「引っ張り」と「流し」も、他の打ち方と同様、打点の位置で打ち分けます。引っ張る場合は、打点を前にして左肩を入れて打ちます。流す場合は、打点をやや遅らせて身体の回転を利用して打ちます。また追うコースに応じて打ち方を変えます。

基本はフォア側に身体を向け、サイドステップではじめ、クロスステップに変えて下がります。ですが、右利きの選手が逆クロスのボールを追う場合は、まず肩を入れ、バック側に身体を向けて後ろに下がります。その後身体を回り込ませて引っ張りや、流しのスマッシュを打っていきます。

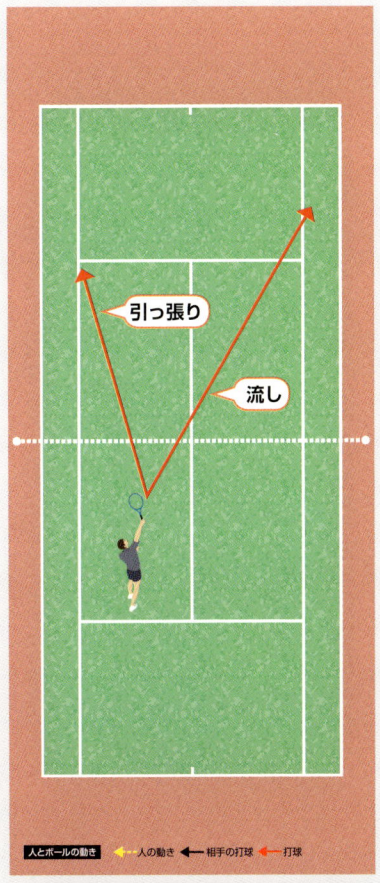

引っ張りはスライス回転をかけ、流しはドライブ回転をかける

POINT①
ラケットの調整で変える

身体を回転させてヒジを前にだし、ヒジの方向にラケットを動かします。このときにラケットを止めると引っ張りになり、ラケットを開くと流しになります。引っ張りで打つ場合ですが、軸足を打点の外側に持ってくると、スムーズに振れます。踏みこんだ脚が、オープン気味に入ってくるイメージです。

POINT①
打点と回転のかかり方

打点が前になると、フラットやスライスの回転がかかりやすくなります。逆に打点が後ろになると、ドライブ回転がかかります。また、回転が速くなるほど、ボールは遠くへ跳んでいきます。

スマッシュ

メニュー 141 両脚のかかとをつけたままジャンプ

人数	1人
時間	3分
道具	なし

ねらい 一度かかとで着地をして力を抜き、スムーズなジャンプを覚える練習です。ジャンプで力んでしまう選手に有効です。

▎軽くジャンプ後、両脚で着地すると、一気に力が抜ける。その後スタートする

▎両脚のかかとをつけた状態から大きくジャンプする

▎両ヒザを曲げてテークバックをする

▎ボールを前に押すつもりで素振りをする

手順

① 選手はネットの近くに立ち、サイドステップからクロスステップで後ろに下がる
② 両脚をそろえて着地をし、全身の力を抜く
③ 両かかとをつけたまま、ジャンプをする
④ ジャンピングスマッシュの素振りをする

指導者MEMO
スマッシュはボールを打つまでの移動距離と時間が長くなります。その際に、全力で移動するほど、余分な力みが入りやすくなります。これは、移動後のジャンプで体軸がずれたり、上手くスイングできない原因になります。この力みは、両脚で着地することで取り除けます。

スマッシュ

メニュー 142

ボールの下に入ってヘディング

ねらい スマッシュで重要な、ボールの落下地点に素早く移動する動きを覚える練習です。

人数	2人
時間	1人10本×3回
道具	なし

手順

① 選手はネット前に立つ
② 球出しはネット際から、左右や後ろへ高いボールを投げる
③ 選手はボールの落下地点に移動し、おでこでヘディングをする

フットワークを使い、落下地点に下がる

おでこにボールを当てる。相手コートに返さなくてもよい

指導者MEMO スマッシュのミスで多いのは、落下地点に動けないために、無理な体勢で打つことです。この練習で落下地点へ移動するコツがつかめます。

スマッシュ

メニュー 143

ヘディングで相手コートに返す

ねらい 落下地点に入る動きと、その後の真上にジャンプする動きを覚える応用練習です。

人数	2人
時間	1人10本×3回
道具	なし

手順

① 選手はネット前に立つ
② 球出しはネット際から、左右や後ろへ高いボールを投げる
③ 選手はボールの落下地点に移動し、ヘディングで相手コートに返す

ボールの落下地点に入り、スマッシュの構えをする

頭でボールを押しだすつもりで相手コートに返す

指導者MEMO 相手コートにボールを返すには、ボールの正面に入ります。また、スマッシュの動きと連動させるために、ラケットを使います。

メニュー144 ジャンピングスマッシュ
後ろに下がってジャンピングスマッシュ

人数	2人
時間	10本×3回
道具	なし

ねらい ジャンピングスマッシュで習得しにくい、空中での動きを身につけます。

- ボールを見ながら後ろに下がり、落下地点に移動する
- 体軸をまっすぐにしたままジャンプする 
- 両ヒザを曲げて空中でためをつくる
- 身体が「く」の字になるようにスマッシュを打つ

手順
① 選手はネット前で構える
② 球出しはストレート方向へ、サービスラインを越える球を出す
③ 選手はサイドステップからクロスステップで落下地点に移動する
④ 飛び上がり、ジャンピングスマッシュを打つ

指導者MEMO
実際のゲームでは後ろに下がって打つ場面が多いため、ジャンピングスマッシュが重要になります。ジャンピングスマッシュはただ飛び上がって打つのでありません。空中で一度止まってためをつくり、ジャンプした脚を前にだして、くの字をつくりながら打っていきます。

ジャンピングスマッシュ

メニュー 145

前に詰めてジャンピングスマッシュ

人数	2人
時間	1人10本×3回
道具	なし

ねらい ジャンプ力やバランス、ボールに合わせる能力を高める練習です。

- 前に詰めて打点を見極めたら、両脚で同時に着地をする
- 両脚で斜め前にジャンプしながら、利き腕側の耳の上辺りを打点の目標とする 
- 両ヒザを曲げ、空中で止まってためをつくる 
- バレーのスパイクのイメージでスマッシュを打つ 

手順

① 選手はベースラインの上に立つ
② 球出しは反対のベースラインに立つ
③ 球出しはサービスライン付近に高い球を出す
④ 選手は前に詰めてジャンピングスマッシュをする

指導者MEMO

前に詰めるジャンピングスマッシュでは、下から両腕を振り上げてジャンプをし、空中でためをつくります。よくあるのは、上手く打点の予想ができずに前に行き過ぎてしまうことです。このような練習を繰り返し、ボールとの距離感覚をつかんでいきましょう。

スマッシュ総合

メニュー 146 8の字

人数	3人
時間	15分
道具	なし

ねらい 地面を蹴って素早く切り返す動きを覚える実戦練習です。

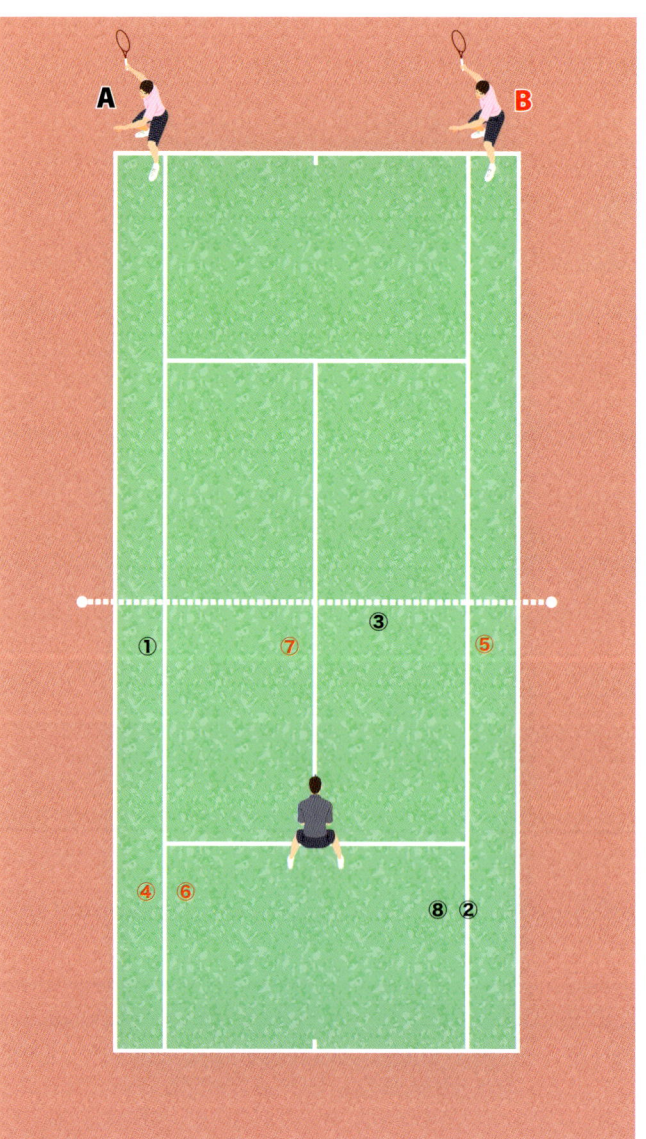

手順
① 球出しに2人が入る
② 選手はイラストの位置で構える
③ 選手はボレーやスマッシュ、ハイボレーを8本連続で返す

球出しのボール
Aは1、2、3、8に、Bは4、5、6、7に打つ

選手の動き
① 左ストレートのバックボレー
② クロスのスマッシュ
③ クロスポジションのまま前に詰めてクロスのポーチボレー
④ 逆クロスのバックのハイボレー（またはスマッシュ）
⑤ 右ストレートのフォアボレー
⑥ 逆クロスのハイボレー
⑦ 逆クロスポジションのまま前に詰めて逆クロスのポーチボレー
⑧ クロスのスマッシュ

指導者MEMO この練習のポイントは、着地した足でいかに地面を蹴って、次の動きへ切り返すかです。NGな動きとしては、ボレーなどの後に身体が流れてしまうこと。実戦では必要になる切り返し時の蹴る動きをしっかりとマスターしましょう。

はじめのうちは、選手に合わせてゆっくりと球出しをする

メニュー 147 コーディネーション
平均台の上でドリブル

人数 1人
時間 1分
道具 平均台、ボール

ねらい バランス能力、変換能力（P30参照）を養うコーディネーショントレーニングです。

手順
① 選手はボールを持って平均台の上に乗る
② 選手は平均台の上で球をつきながら進む

- 適度な力でボールを地面に向かって押す
- できるだけ同じ場所についてドリブルを続ける

指導者MEMO バランスをとりながら、ドリブルを続けます。下半身のバランスやボールへの力加減などをコントロールし、リズミカルにドリブルをします。

メニュー 148 コーディネーション
平均台を歩きながらドリブル

人数 1人
時間 2往復
道具 平均台、ボール

ねらい リズム能力や連結能力、変換能力やバランス能力、分化能力（P30参照）を総合的に高めるトレーニングです。

手順
① 選手はボールを持って平均台の上に乗る
② 選手は平均台の上で球をつきながら進む
③ 平均台の端まで進めたら向きを変え、反対側に進む

- 歩くリズムとドリブルのリズムを合わせる
- 進む距離に合わせてつく位置を微調節する

指導者MEMO 3つの異なる動きを、同時にする能力を高めます。これは走りながらボールを打ち、同時に相手の動きを確認するという行動につながります。

コーディネーション

メニュー 149 トランポリンでなわとび

ねらい リズム能力や連結能力、バランス能力と分化能力（P30参照）を養うトレーニングです。

- 人数：1人
- 時間：1分
- 道具：ミニトランポリン、なわとび

手順
① 選手はなわとびを持ってミニトランポリンに乗る
② タイミングをはかったらなわとびを跳びはじめる

はじめに数回ジャンプをしてから、なわとびを回す

まずは前跳びを、慣れたら2重跳びをする

指導者MEMO トランポリンとなわとび、2つの道具を同時に使うトレーニングです。リズミカルなジャンプに合わせて縄を回せないとうまく続きません。

コーディネーション

メニュー 150 トランポリンで球つき

ねらい リズム能力と連結能力、バランス能力や分化能力、定位能力（P30参照）を養うトレーニングです。

- 人数：1人
- 時間：1分
- 道具：ミニトランポリン、なわとび

手順
① 選手はラケットとボールを持ってミニトランポリンに乗る
② ジャンプをしながら、ラケットでボールを上につく

体軸をまっすぐにしてジャンプする

ラケットを見ずに、漠然と正面を見ておく

指導者MEMO 自分はジャンプをし、ボールはラケット上を跳ねています。どちらかに気をとられると上手くできません。ラケットを動かさずに跳びましょう。

第8章
フォーメーション
Formation

個人の技術ではなく、作戦やフォーメーションで
勝敗が決まることが多いダブルス。
普段から様々なフォーメーションを練習して、
場面によって使い分けられるようにしましょう。

フォーメーション4つの展開

基本概念 クロスの展開

ソフトテニスのダブルスではクロス／逆クロス／右ストレート／左ストレートという4つの基本的な展開があります。それぞれの展開の基本ポジションは次のページからのコート図に示してありますが、この4つの展開を基本に、さまざまな打ち方で相手の陣形を崩していきます。

POINT①
駆け引きで仕掛ける

ソフトテニスはゴムのボールを使うため、スピードで押し切ったり、パワーだけでポイントを取れる機会はほとんどありません。サービスエースが少ないのもその証拠です。そのため、相手をどう動かしていくか、ということがポイントを取る上で重要になります。この駆け引きには、相手を揺さぶる戦術的な要素と、相手に悟られない技術的な要素があります。

POINT②
動きを読まれない技術

相手に悟られない技術というのは、主にフォームです。打つ方向や打法によって構えが変わってしまうと、何をするかが相手にわかってしまいます。いかに一定のフォームやスタンスで打てるかが、レベルが上がるほど重要になります。この章では主に戦術的な要素を説明していますが、大切なのは、相手に悟られない技術を身につけていることです。

フォーメーション4つの展開

基本概念 クロスと逆クロスの展開

クロスの展開

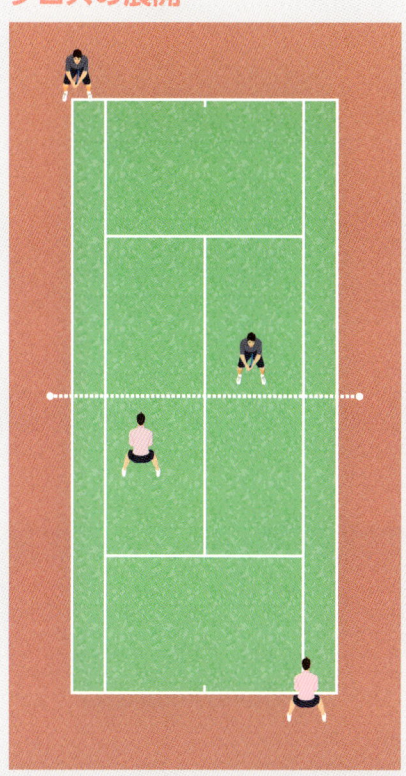

逆クロスの展開

　一般的に、ベースラインプレーヤーのレシーブサイドです。選手が右利きの場合は、引っ張りのフォアハンドストロークが得意な選手の好む展開です。

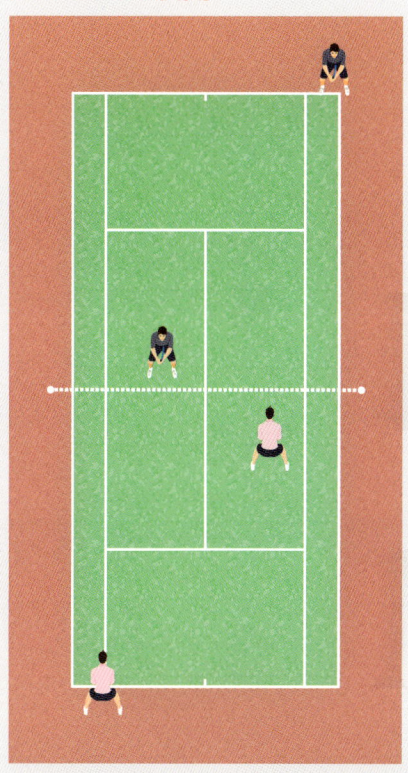

　選手が右利きの場合は、流しのフォアハンドストロークが得意な選手の好む展開です。また選手が左利きの場合は、この展開になるとフォアハンドで打てます。そのため、左利きの選手も好む展開になります。

オープンスタンスとクローズドスタンス

　クロス展開の場合、クローズドスタンスは、相手にストレート方向へ打つと思わせてクロスに打ち返します。オープンスタンスでは、クロスを警戒させてストレート方向に打ちます。

クローズドスタンス　か　オープンスタンス

フォーメーション4つの展開

基本概念 右ストレートと左ストレートの展開

右ストレート展開

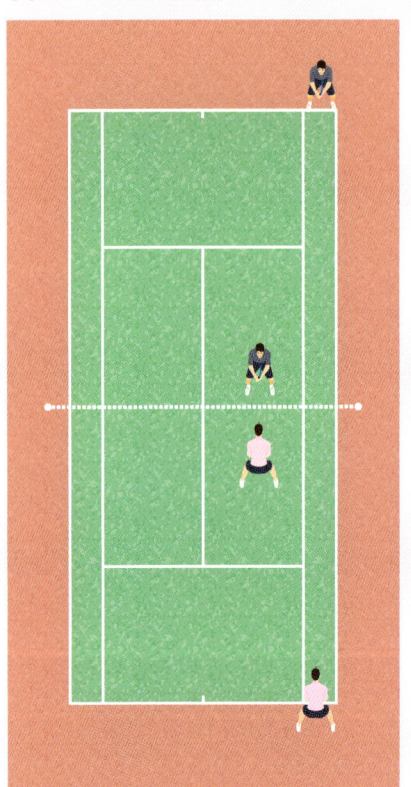

左ストレート展開

　選手が右利きで引っ張りが得意な場合は、この展開からクロスへとコース変更をして仕掛けていきます。そうすることで、相手チームはバックハンド主体で取らざるを得ない展開になるからです。また、左利きのベースラインプレーヤーは、フォアハンドで打てる展開です。相手チームをバックハンド主体にするために、クロス展開から中ロブを使い、この右ストレート展開にする試合運びが数多く見られます。

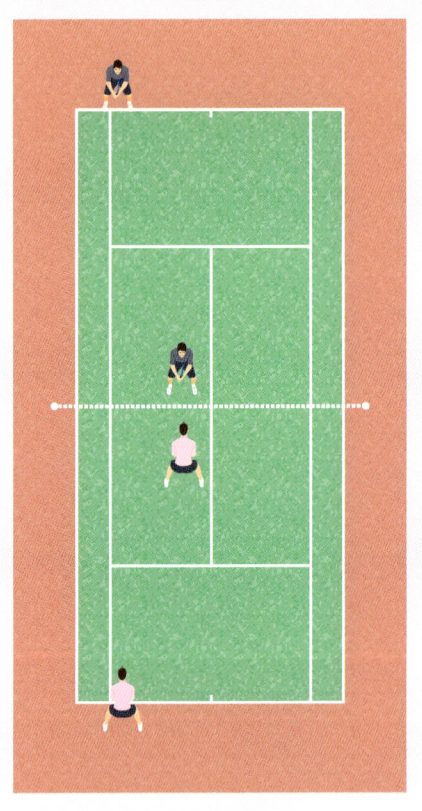

　この展開では、右利きの選手にとってフォアハンドで打つ場所が非常に狭くなります。そのため、右利きの選手には、むずかしい展開といえます。選手が右利きでも流しが得意な場合は、左ストレート展開から逆クロスへ中ロブなどで仕掛ける場面が多く見られます。

基本概念 フォーメーションの使い分け

　次のページからは、主な4つの陣形を紹介していきます。トップレベルの選手たちは、サーフェス（コートの素材）によってフォーメーションを使い分けることもあります。サーフェスの特徴によって、フォーメーションを変えることはもちろん、さまざまな戦術を実践し、対応しなければならないのです。なぜならフォーメーションにも向き不向きがあるからです。例えば、攻撃型並行陣（ダブルフォワード）という陣形は、ボールが変化しやすく、弾まない（カットサービス）ハードコートで強さを発揮しやすい、反面、クレーコートには向いていません。すべての陣形に対応できる、オールラウンドなプレーヤーを目指してさまざまな陣形にトライしてみてください。

マメ知識
攻撃型並行陣、誕生の衝撃

　この陣形ができる前、ベースラインプレーヤーはサービスやレシーブを打つと、ベースラインに下がっていました。それが2005年の国際大会で、カットサービスから前にでて、ネットプレーヤーと中間ポジションに立ったのです。ベースラインプレーヤーもローボレーやスマッシュを決めるという、これまで誰も考えなかったような斬新なフォーメーションが国際大会という舞台で披露されたのです。

マメ知識
守備型並行陣、旧ルールの産物

　1993年、国際化に向けたルール改正でポジションの制約が廃止になりました。以前はサービス時に、相手レシーバーだけがコートに入れました。他の3選手がサービス前にコートに入るとファールになったのです。意図的にファールを誘う行為が増え、このルールは廃止になりました。このルールの考え方から、同じようにサービス時に雁行陣の前衛がいる必要はないと考え、守備型並行陣がでてきたのです。

フォーメーション

メニュー 151 雁行陣(がんこうじん)

人数	2対2
時間	—
道具	なし

ねらい
攻守の役割が明確で、最もバランスの取れたフォーメーションを覚えます。

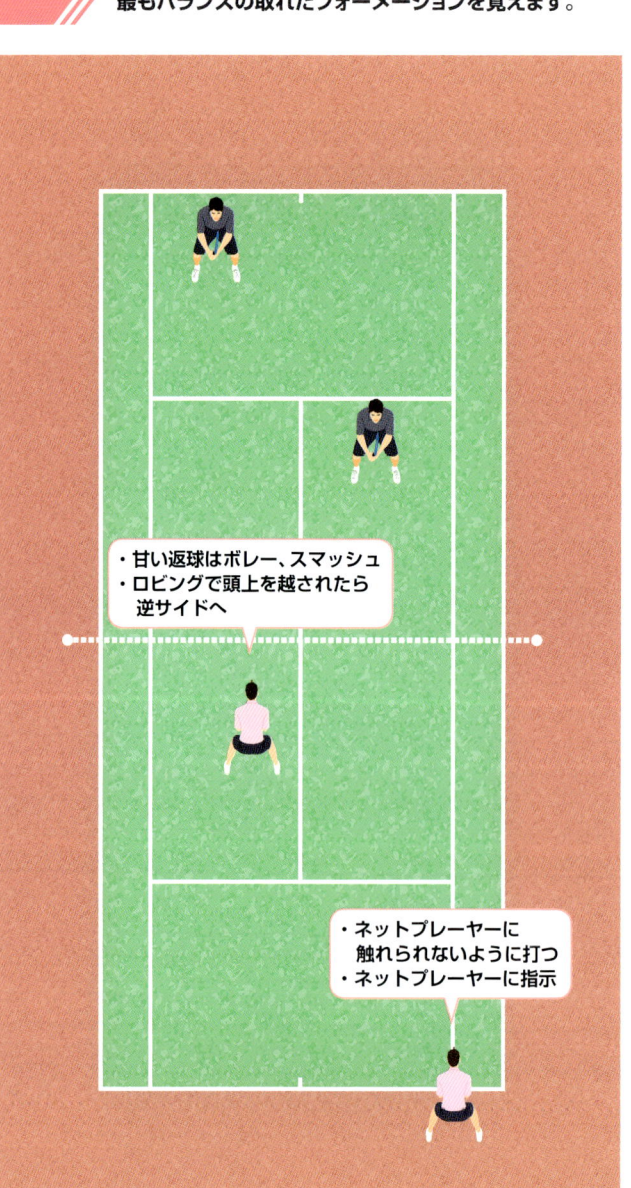

手順

① イラストのようにネットプレーヤーとベースラインプレーヤーが入る
② ネットプレーヤーとベースラインプレーヤーは図のような動きを覚え、攻める

- 甘い返球はボレー、スマッシュ
- ロビングで頭上を越されたら逆サイドへ

- ネットプレーヤーに触れられないように打つ
- ネットプレーヤーに指示

指導者MEMO

コンビネーションプレーを使う場合に、非常に有効な陣形です。ベースラインプレーヤーがボールをつなぎ、ネットプレーヤーが駆け引きをしてポイントにつなげるという展開がしやすい陣形でもあります。現在の日本では、9割近い選手たちが雁行陣で戦っています。

フォーメーション

メニュー 152
攻撃型並行陣（ダブルフォワード）

人数	2対2
時間	—
道具	なし

ねらい　2人が積極的に攻撃できるフォーメーションを覚えます。試合の展開によって、この陣形に移行できるようにします。

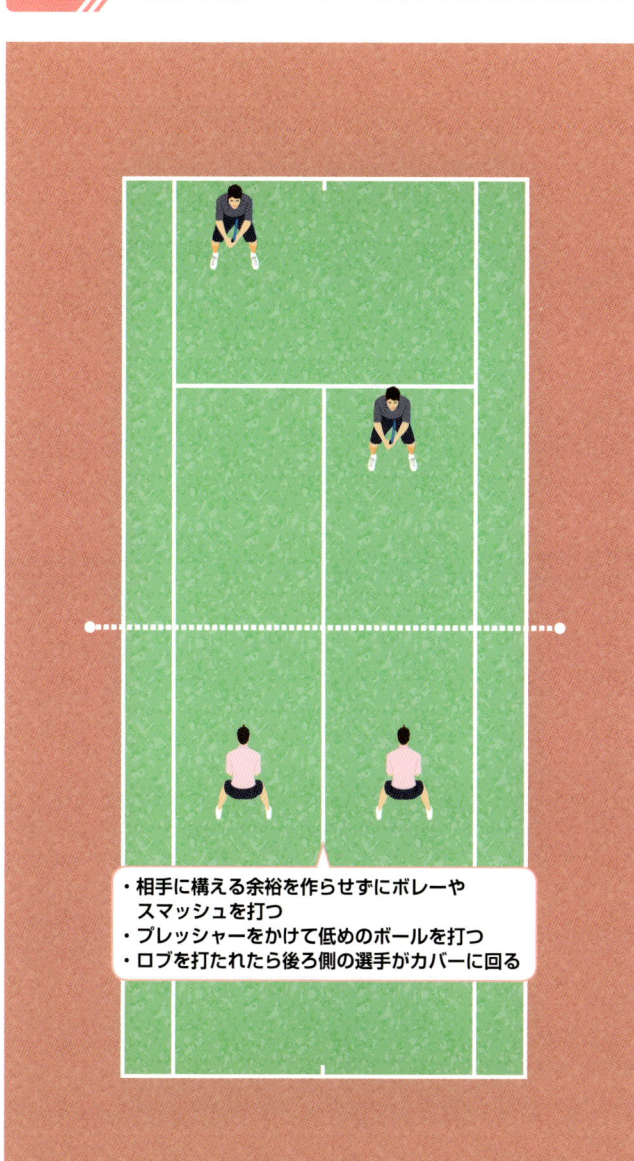

手順

① イラストのようにネットプレーヤーとベースラインプレーヤーが入る
② ネットプレーヤーとベースラインプレーヤーは図のような動きを覚え、攻める

- 相手に構える余裕を作らせずにボレーやスマッシュを打つ
- プレッシャーをかけて低めのボールを打つ
- ロブを打たれたら後ろ側の選手がカバーに回る

指導者MEMO

2005年の国際大会で中華台北が見せ、世界中に衝撃を与えた陣形です。たたみかける攻撃がでるのが特徴です。相手にプレッシャーをかけ、前側から相手の体勢が整わないうちに攻めていきます。そのプレッシャーでミスを誘えることもあります。

フォーメーション

メニュー 153 守備型並行陣

人数	2対2
時間	—
道具	なし

ねらい 2人がベースライン近くに立つ守り型の陣形を覚えます。攻撃型並行陣に対しては、攻撃的な陣形にもなり得ます。

手順

① イラストのようにネットプレーヤーとベースラインプレーヤーが入る

② ネットプレーヤーとベースラインプレーヤーは図のような動きを覚え、攻める

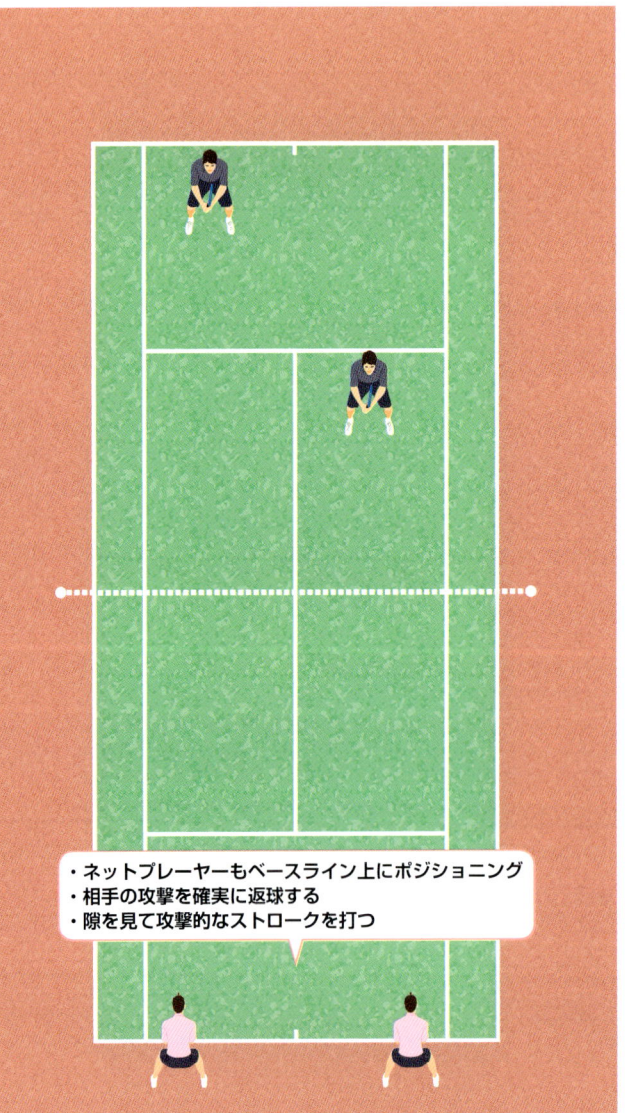

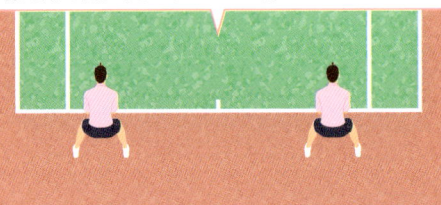

- ネットプレーヤーもベースライン上にポジショニング
- 相手の攻撃を確実に返球する
- 隙を見て攻撃的なストロークを打つ

指導者MEMO

ネットプレーヤーよりも、優れたベースラインプレーヤーを2人と考える指導者が増えてきました。これは試合に勝てるという安易な考えで推奨できません。なぜなら、よいネットプレーヤーは絶対に必要だからです。またシングルスが普及すると、全選手にネットプレーヤーの動きも求められます。

フォーメーション

メニュー 154 Iフォーメーション

人数 2対2
時間 ――
道具 なし

ねらい 右利きのサーバーがカットサービスを打つ際のフォーメーションを覚えます。

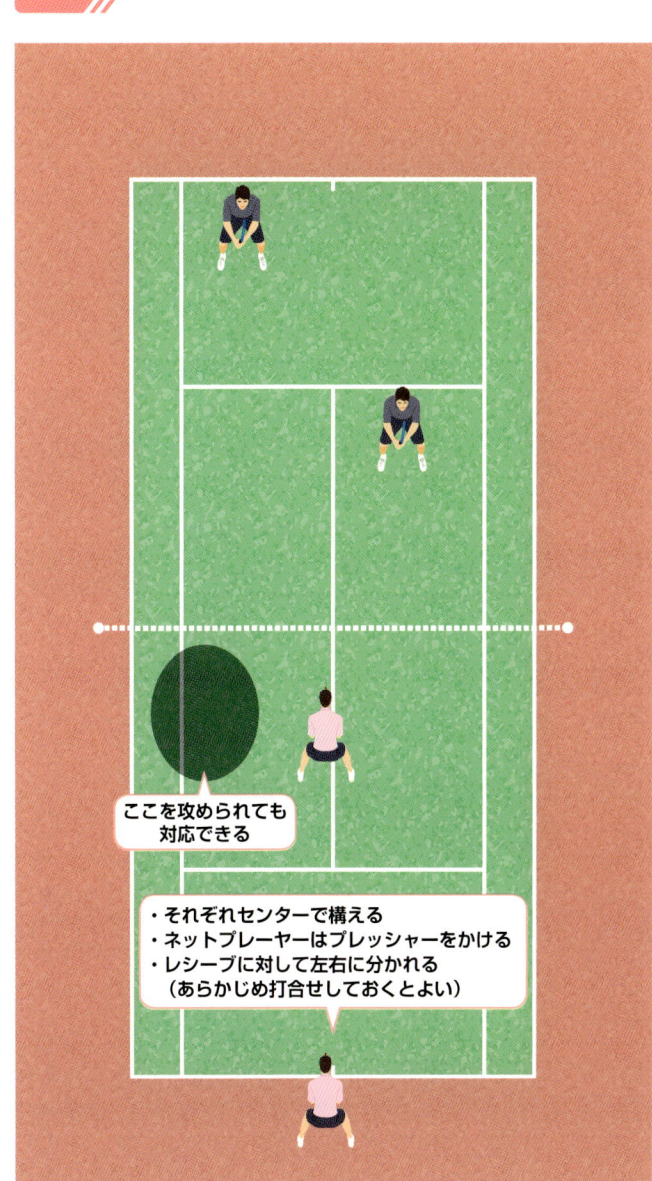

手順

① イラストのようにネットプレーヤーとベースラインプレーヤーが入る
② ネットプレーヤーとベースラインプレーヤーは図のような動きを覚え、攻める

ここを攻められても対応できる

- それぞれセンターで構える
- ネットプレーヤーはプレッシャーをかける
- レシーブに対して左右に分かれる
  （あらかじめ打合せしておくとよい）

指導者MEMO カットサービス後、左の図の位置にレシーブを返されると、バックで取る必要があります。このようなむずかしい場所へ打たせないためや、返球されてイヤなところを防ぐために生まれた陣形です。また、ネットプレーヤーが左右に動くことで攻撃の幅が広がります。

フォーメーション

メニュー 155 センター割り①

人数	4人
時間	—
道具	なし

ねらい 相手にバックレシーブを打たせてから、センターへの攻撃（センター割り）を決めます。

手順

① ベースラインプレーヤーAは逆クロス（Dのバックハンド側）にサービスを打つ
② ネットプレーヤーDは逆クロスへレシーブを打つ
③ ベースラインプレーヤーAはセンターへ打つ

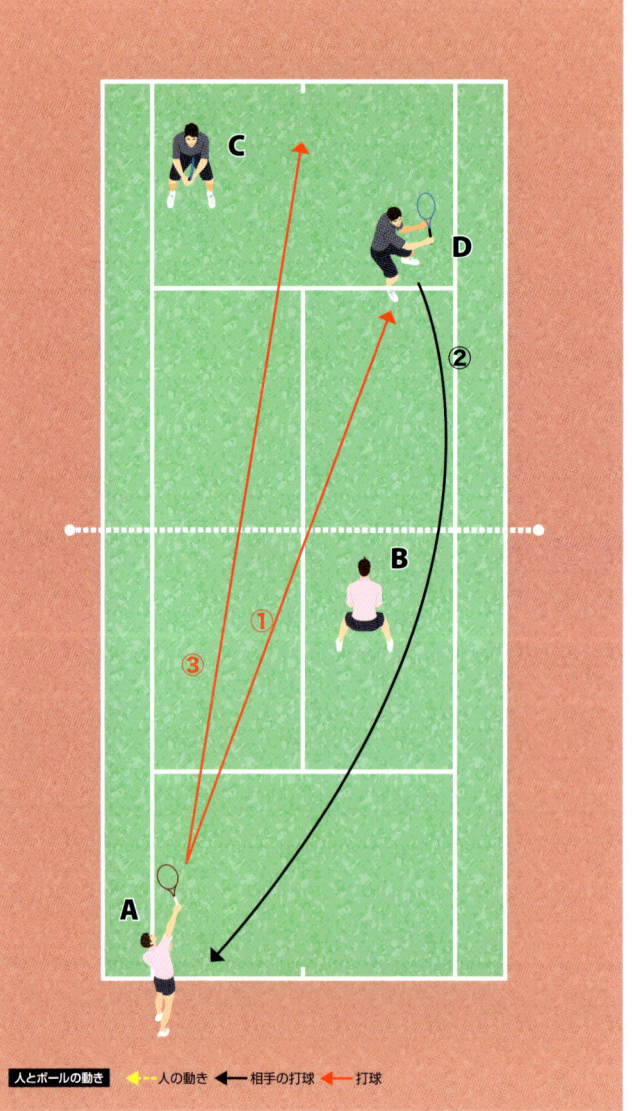

人とボールの動き　→ 人の動き　→ 相手の打球　→ 打球

■ 相手のネットプレーヤーDにバックレシーブを打たせるサービスを打つ

指導者MEMO センター割りは基本的な攻撃パターンです。効果的なセンター攻めをするには、相手ネットプレーヤーを逆クロスに引きつけるサービスが必要です。

フォーメーション

メニュー 156　センター割り②

人数	4人
時間	―
道具	なし

ねらい　センターを警戒させ、ストレートに返球します。

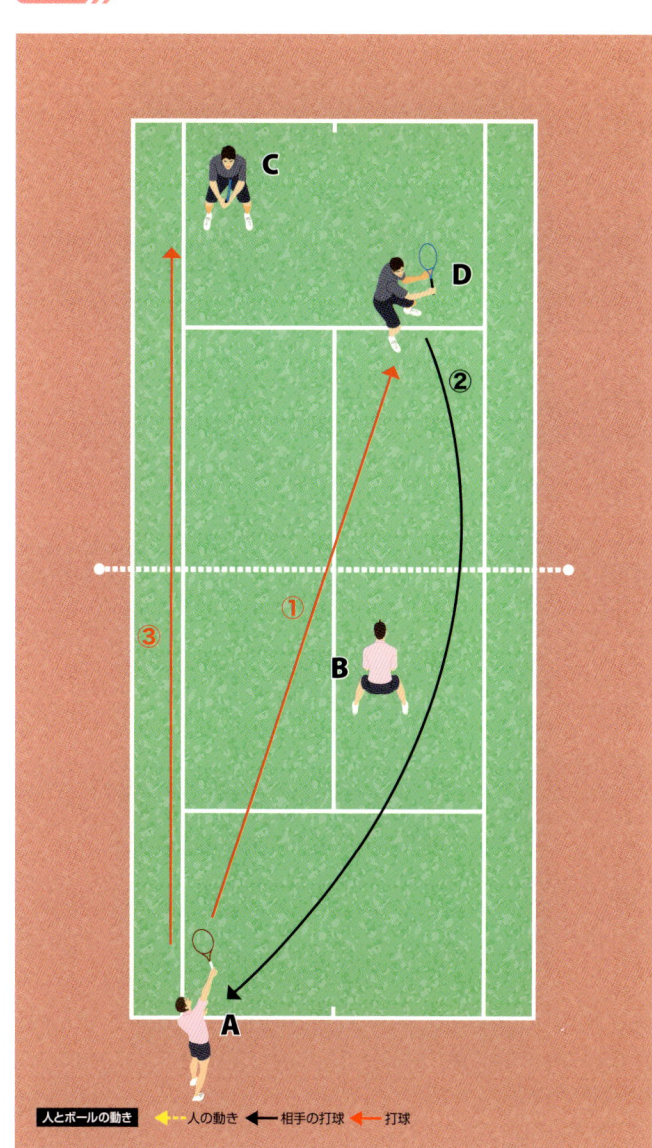

手順

① ベースラインプレーヤーAは逆クロス（Dのバックハンド側）にサービスを打つ
② ネットプレーヤーDは逆クロスへレシーブを打つ
③ センターを警戒する相手の裏をかき、ベースラインプレーヤーAがストレートへ打つ

人とポールの動き　⬅ 人の動き　⬅ 相手の打球　⬅ 打球

センターを警戒させるため、ベースラインプレーヤーAは直前までどこに打つかわからないようにけん制を入れる

指導者MEMO　レシーバーが逆クロスへ動いた結果、レシーバー（相手）ペアはセンターを警戒します。この攻めではその裏をかいてストレートへ返球します。

メニュー 157 フォーメーション サービスからの連続攻撃①

人数 4人
時間 —
道具 なし

ねらい ネットプレーヤーひとりで、ポイントをとりにいく攻撃方法をマスターします。

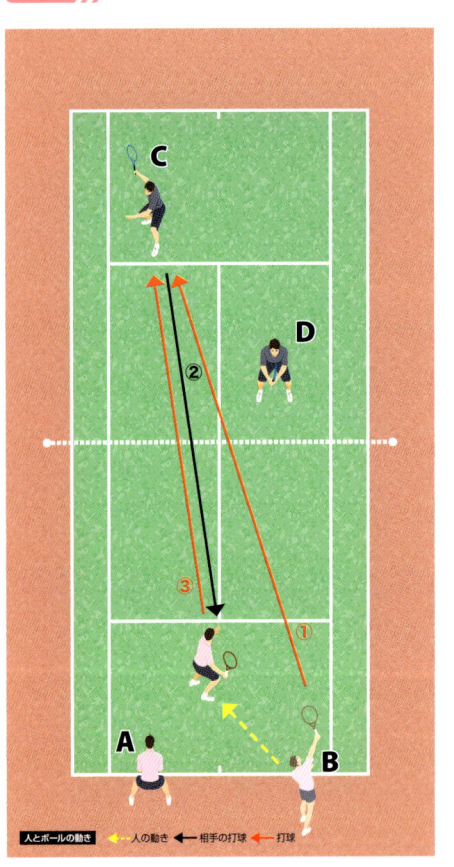

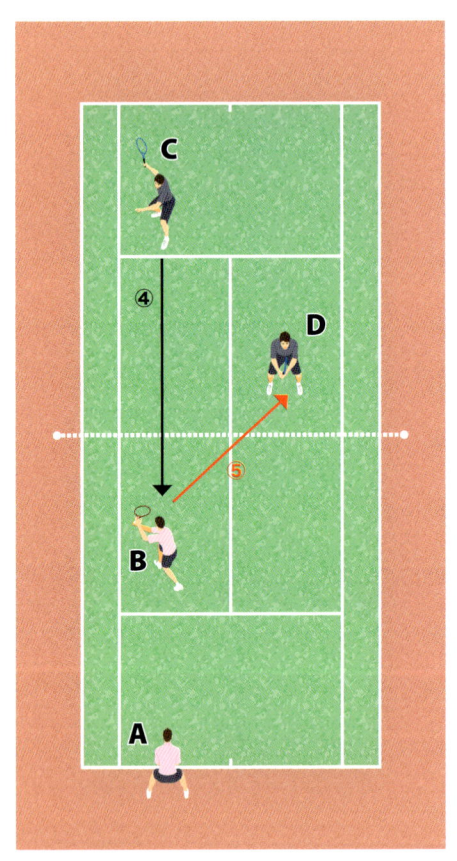

ネットプレーヤーBは、しっかりとポジションをとりながら相手の打球に備える

手順
① クロスサイドで、ネットプレーヤーBがサービスをする
② ベースラインプレーヤーCがセンターへレシーブをする
③ ネットプレーヤーBはローボレーでクロスへつなぐ
④ ベースラインプレーヤーCはストレートを攻める
⑤ ネットプレーヤーBはストレートにポーチボレーにいく

指導者MEMO サービス後にネットプレーヤーが前進すると、相手はセンターやクロスを鋭角に攻めてきます。これをつなげると、次のボールをポーチできます。

フォーメーション

メニュー 158 サービスからの連続攻撃②

人数 4人
時間 ―
道具 なし

ねらい ネットプレーヤーひとりで、ポイントをとりにいく攻撃方法をマスターします。

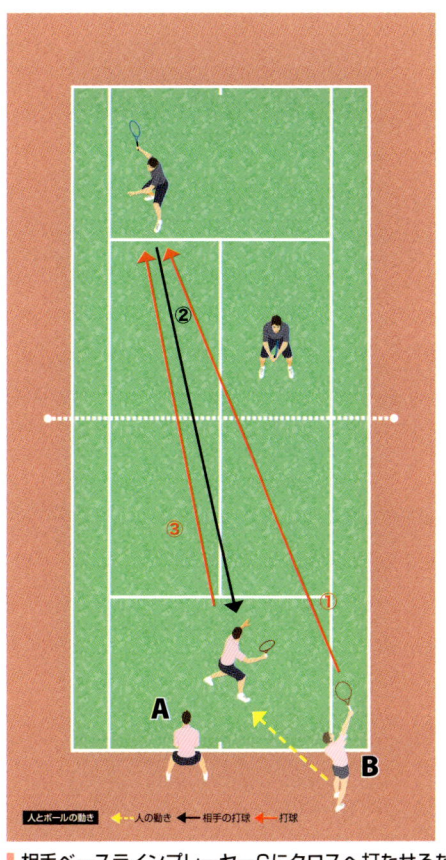

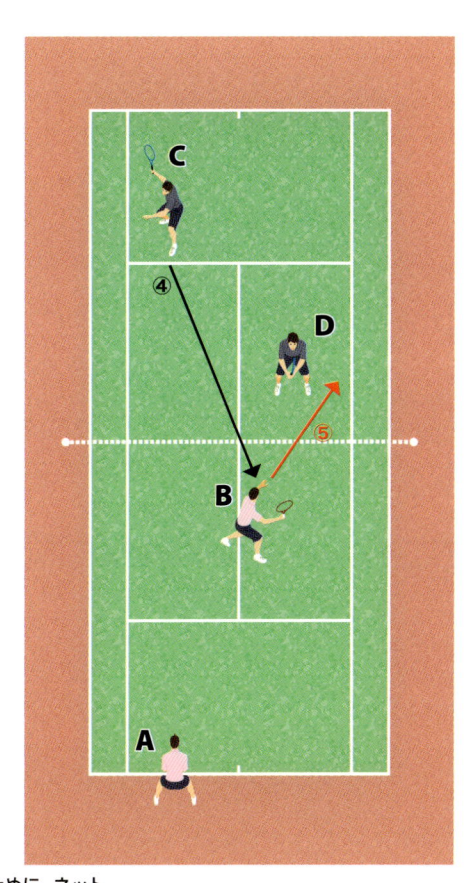

相手ベースラインプレーヤーCにクロスへ打たせるために、ネットプレーヤーBは前進しながら意図的にクロスを空ける

凡例：人とボールの動き　人の動き　相手の打球　打球

手順

① クロスサイドで、ネットプレーヤーBがサービスをする
② ベースラインプレーヤーCはセンターへレシーブする
③ ネットプレーヤーBはローボレーでクロスへつなぐ
④ ベースラインプレーヤーCはクロスへ返球
⑤ ネットプレーヤーBはクロスへポーチボレーにいく

指導者MEMO 相手の裏をかく攻撃です。パートナーの反対を守るのが基本ですが、この練習では打たせたいコースを意図的に空けて誘い、打たせて取ります。

フォーメーション

メニュー 159 カットサービス＆ポーチボレー

人数 4人
時間 ──
道具 なし

ねらい カットサービスを活かすコンビネーションプレーを身につけます。

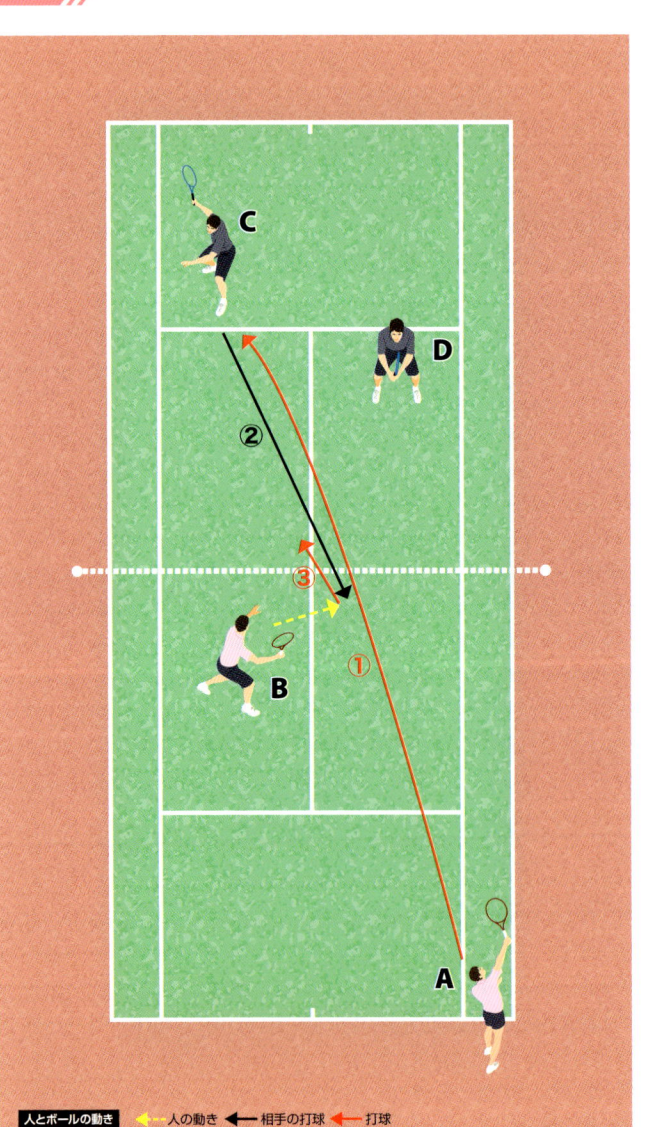

手順
① クロスサイドからベースラインプレーヤーAがカットサービスをする
② ベースラインプレーヤーCはクロスへレシーブする
③ ネットプレーヤーBはクロスにポーチボレーをする

人とボールの動き　- - - 人の動き　← 相手の打球　← 打球

ネットプレーヤーがポーチにでたら、ベースラインプレーヤーAは逆クロスをカバー

指導者MEMO 右利きのレシーバーは高い確率で、センターへのサービスに回りこみ、フォアでクロスへ打ちます。そのため、クロスポーチが有効です。

メニュー 160 フォーメーション
相手を回りこませてポーチボレー

人数: 4人
時間: ——
道具: なし

ねらい 回りこんだ相手の打球を狙い打つ攻撃を覚えます。

手順
① ベースラインプレーヤー同士でクロスラリーをする
② ベースラインプレーヤーAはセンター寄りに打つ
③ ベースラインプレーヤーCは回りこんでクロスへ返球
④ ネットプレーヤーBはクロスへポーチボレーをする

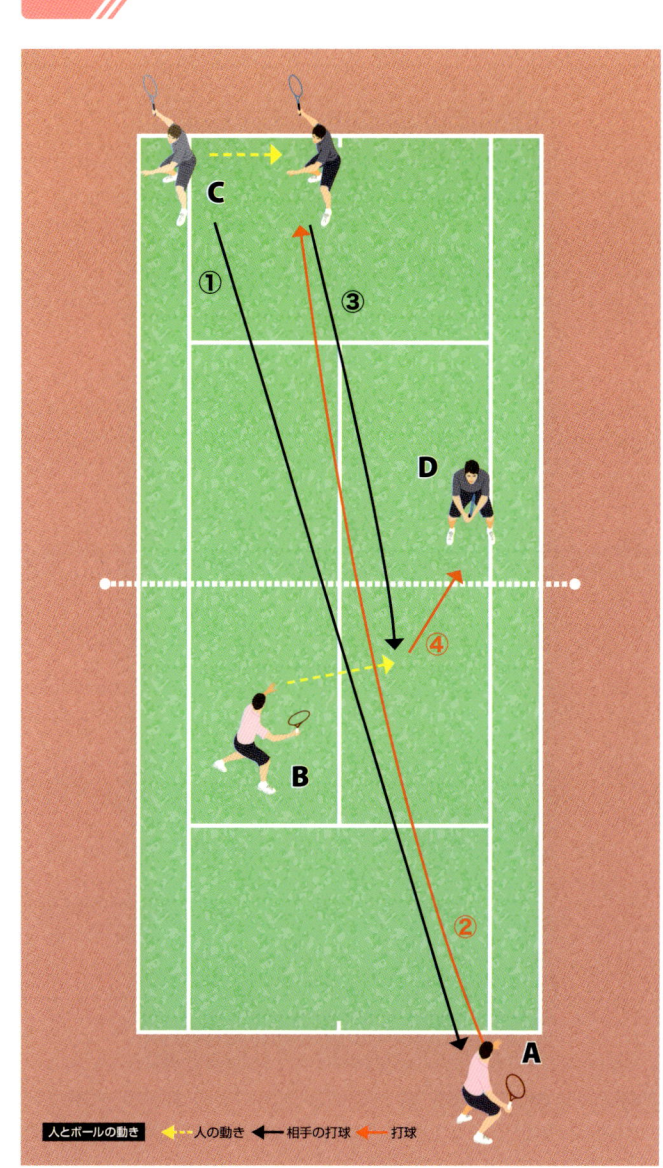

凡例: 人とボールの動き / 人の動き / 相手の打球 / 打球

ベースラインプレーヤーAは、相手が回りこんで打てるようなセンター寄りのボールを打つ

指導者MEMO ネットプレーヤーは、相手が回りこんだら引っ張りを狙うのが鉄則です。回りこませるボールで仕掛けたらポーチにでると、打合せておくとよいでしょう。

フォーメーション

メニュー 161 相手を回りこませるレシーブでポーチボレー①

人数 4人
時間 ──
道具 なし

ねらい 相手を回りこませるセンターへのレシーブを打ち、次の球を狙い打つ攻撃方法を覚えます。

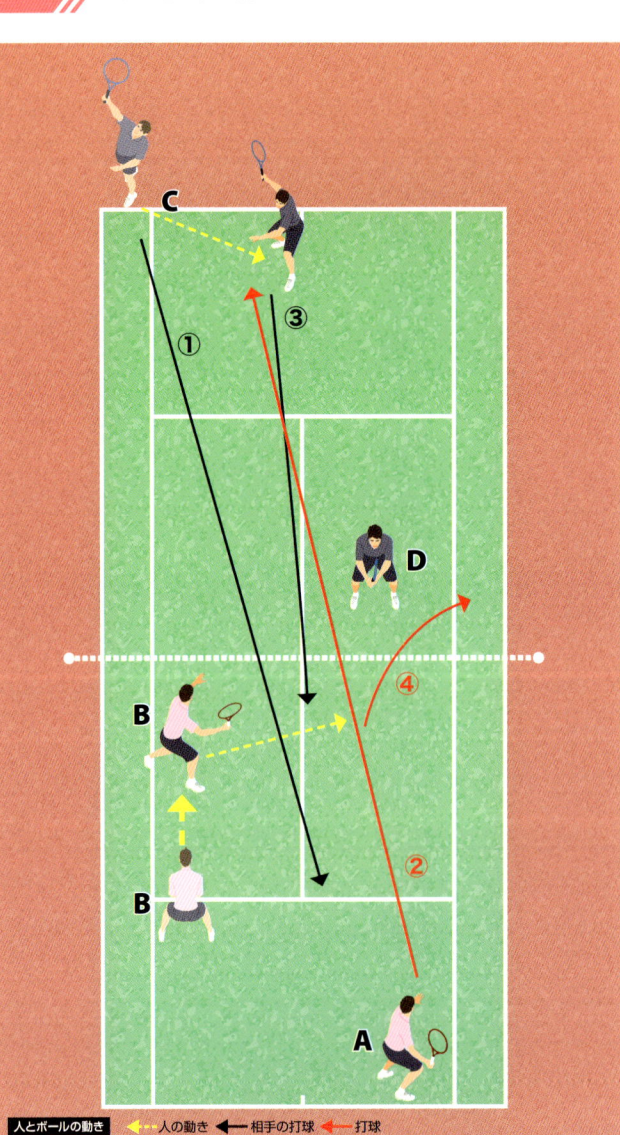

手順

① ベースラインプレーヤーCがクロスからサービスをする
② クロスサイドから、ベースラインプレーヤーAはセンター寄りにレシーブを打つ
③ ベースラインプレーヤーCは回りこんでクロスに返す
④ ネットプレーヤーBはクロスへポーチにいく

指導者MEMO 相手が十分な体勢で打てるときは相手が打つコースを読むのはむずかしいでしょう。ただし、この戦術のように足元を狙うと十分な体勢から返球できないため、コースが読みやすくなります。

凡例: 人とボールの動き / 人の動き / 相手の打球 / 打球

■ ベースラインプレーヤーCの左足を狙ったレシーブを打つ

フォーメーション

メニュー 162 相手を回りこませるレシーブでポーチボレー②

- 人数：4人
- 時間：——
- 道具：なし

ねらい　相手を回りこませるストレートへのロブレシーブを打ち、次の球を狙い打つ攻撃方法を覚えます。

手順

① ベースラインプレーヤーCがクロスからがサービスをする
② ベースラインプレーヤーAは、クロスサイドからストレートへロブレシーブを打つ
③ ベースラインプレーヤーCは逆クロスへ走り、回りこんでストレートに返す
④ ネットプレーヤーBは右ストレートへポーチボレーにいく

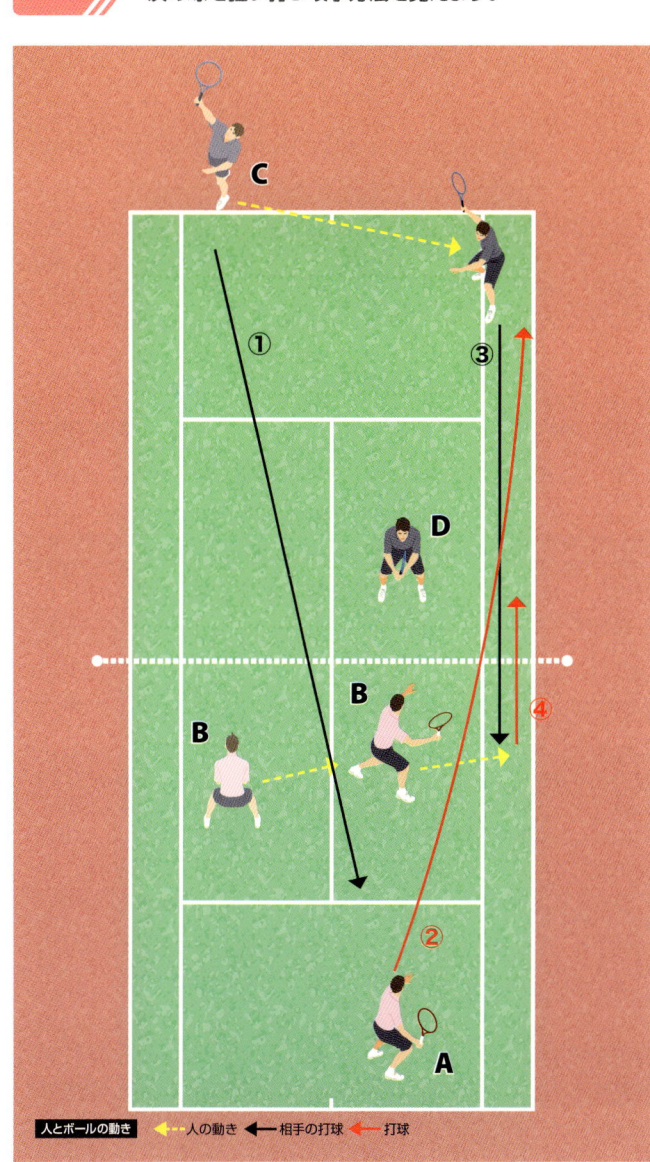

人とボールの動き　←--- 人の動き　←— 相手の打球　←— 打球

ネットプレーヤーBはAがレシーブをストレートへ打ったら、センターラインをまたいで、右ストレートのポジションをとる

指導者MEMO　ストレートへの中ロブでは、相手ベースラインプレーヤーCが回りこめない可能性があるため、回りこむ余裕を持たせたレシーブを打ちます。

フォーメーション

メニュー 163 レシーブからの連続プレー①

人数 4人
時間 ——
道具 なし

ねらい ネットプレーヤーは、逆クロスのレシーブから連続攻撃を仕掛けます。

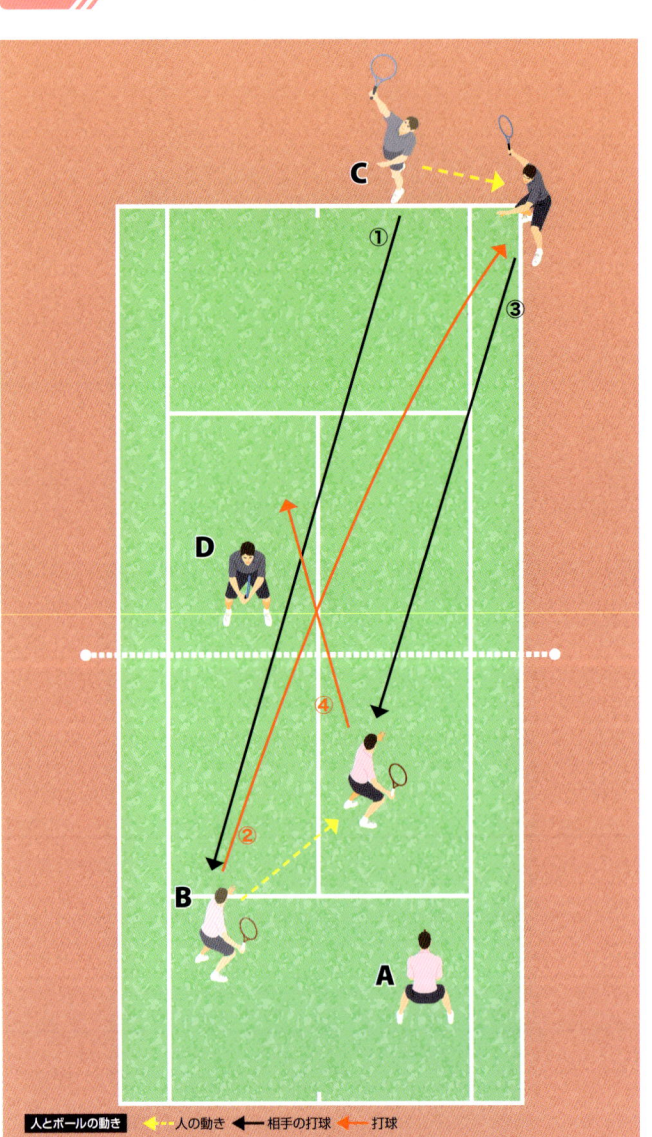

手順

① ベースラインプレーヤーCが逆クロスからサービスを打つ
② ネットプレーヤーBは逆クロスへ深いレシーブを打つ
③ ベースラインプレーヤーCはセンター寄りに返球
④ ネットプレーヤーBはクロスにローボレーを打つ

人とボールの動き　人の動き　相手の打球　打球

ネットプレーヤーBはレシーブ後、素早くセンターへ移動し、相手ベースラインプレーヤーCが構えたら止まってポジション取りをする

指導者MEMO
サーバーを逆クロスのコーナーへ押しこむレシーブが必要です。レシーブが甘いと、返球が厳しくなり、相手に主導権を渡してしまいます。

| フォーメーション |

メニュー 164 レシーブからの連続プレー②

人数 4人
時間 ──
道具 なし

ねらい ネットプレーヤーは、センターへのレシーブから連続攻撃を仕掛けます。

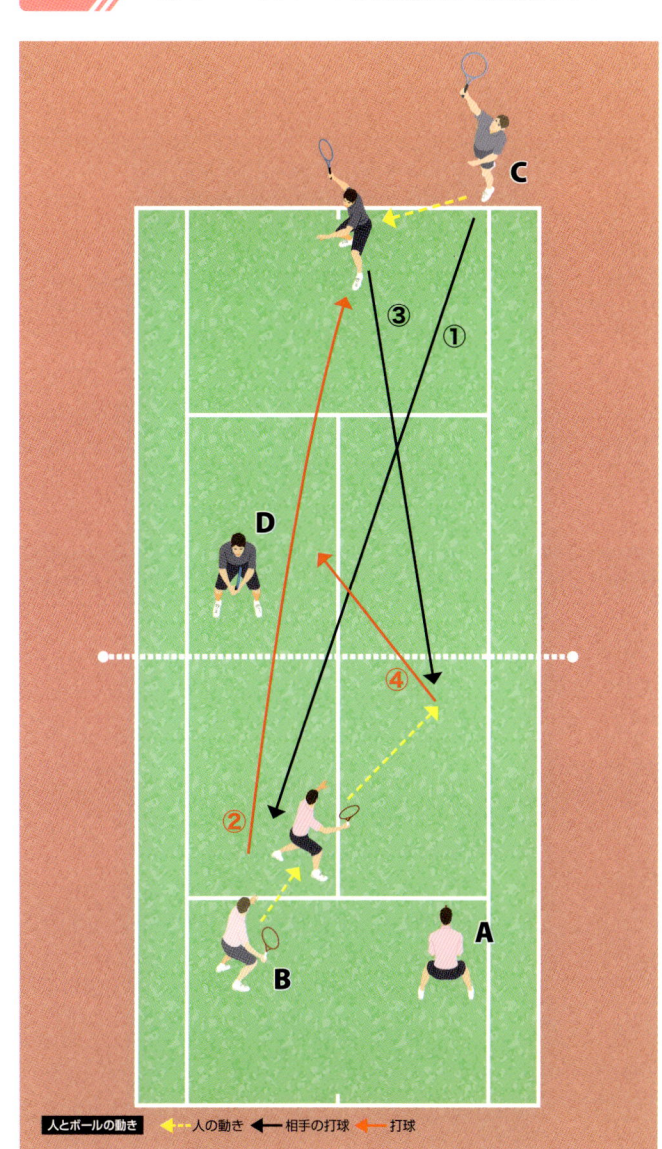

手順

① ベースラインプレーヤーCが逆クロスからサービスを打つ
② ネットプレーヤーBはセンターへレシーブを打つ
③ ベースラインプレーヤーCはストレートに返球
④ ネットプレーヤーBはストレートへポーチボレーをする

指導者MEMO この攻撃で③の前にネットプレーヤーがストレートに入りすぎると、相手はストレートへの返球を警戒します。そのためクロスのポジションをとり、ストレートのコースを空けておきます。

人とボールの動き　←--- 人の動き　←── 相手の打球　←── 打球

ネットプレーヤーBは、相手がベースラインプレーヤーAへ返すボールを狙う

メニュー 165 レシーブからの連続プレー③

フォーメーション

人数: 4人
時間: ——
道具: なし

ねらい ネットプレーヤーは、ストレートのロブレシーブから連続攻撃を仕掛けます。

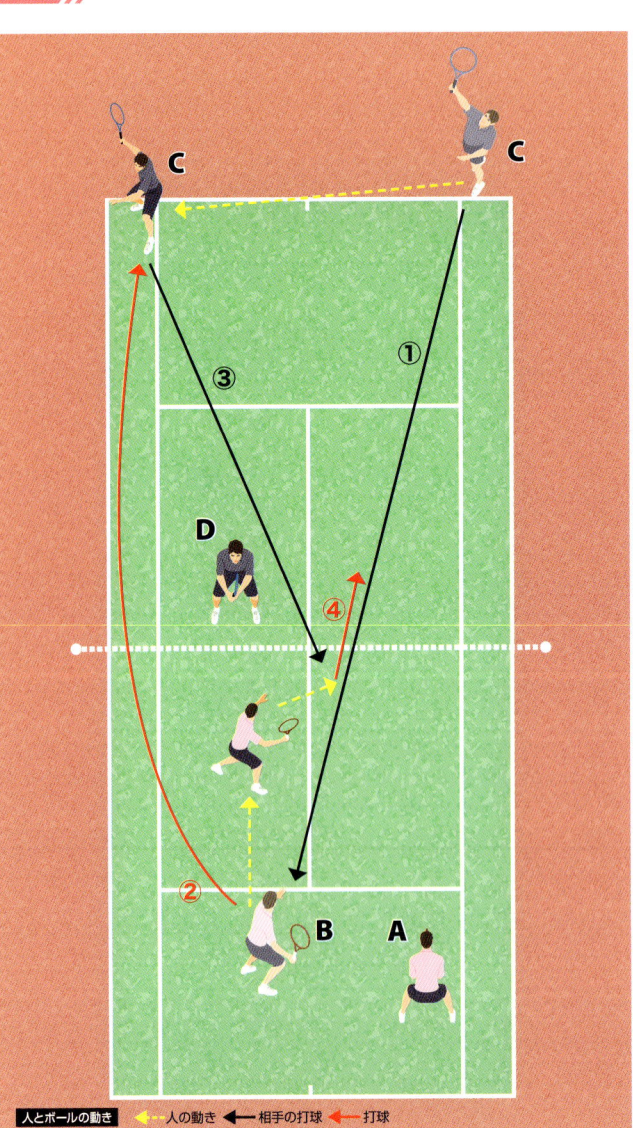

手順

1. ベースラインプレーヤーCが逆クロスからサービスを打つ
2. ネットプレーヤーBはストレートへロブレシーブを打つ
3. ベースラインプレーヤーCはクロスへ走り、クロスに返球
4. ネットプレーヤーBはクロスへポーチボレーにいく

人とボールの動き　　人の動き　　相手の打球　　打球

■ ネットプレーヤーBはレシーブ後、素早く前進してクロスポジションをとる

指導者MEMO ネットプレーヤーBは相手がAへの返球を狙います。その他に、左ストレートを空け、ストレートへの返球を誘い、ポーチをする戦術もあります。

フォーメーション

メニュー 166　ロビングで仕掛け、トップ打ちで仕留める

人数	4人
時間	—
道具	なし

ねらい　逆クロスからストレートへ振り、センターを攻めます。

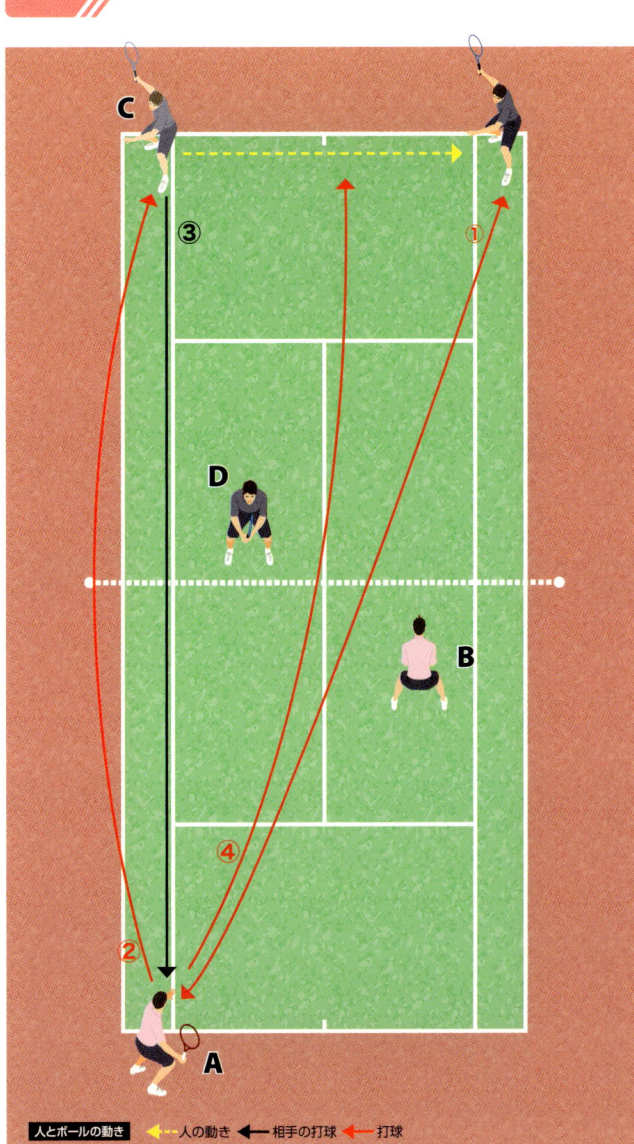

手順

① 逆クロスでラリーをする
② ベースラインプレーヤーAは左ストレートへロビングを打つ
③ ベースラインプレーヤーCはクロスへ走り、ストレートへ返球
④ ベースラインプレーヤーAはセンターへトップストロークで打つ

人とボールの動き　←-- 人の動き　← 相手の打球　← 打球

ベースラインプレーヤーAはロビング後のボールを、早いタイミングのトップストロークで攻める。相手を走らせただけで気を緩めない

指導者MEMO　クロス展開でも同様の攻撃ができます。ストレートロブで仕掛け、Aへ戻ってきたボールをセンターへトップストロークで仕留めます。

フォーメーション

メニュー 167 トップ打ちで切り返し

人数	4人
時間	—
道具	なし

ねらい 振られたボールを逆にトップストロークで切り返します。

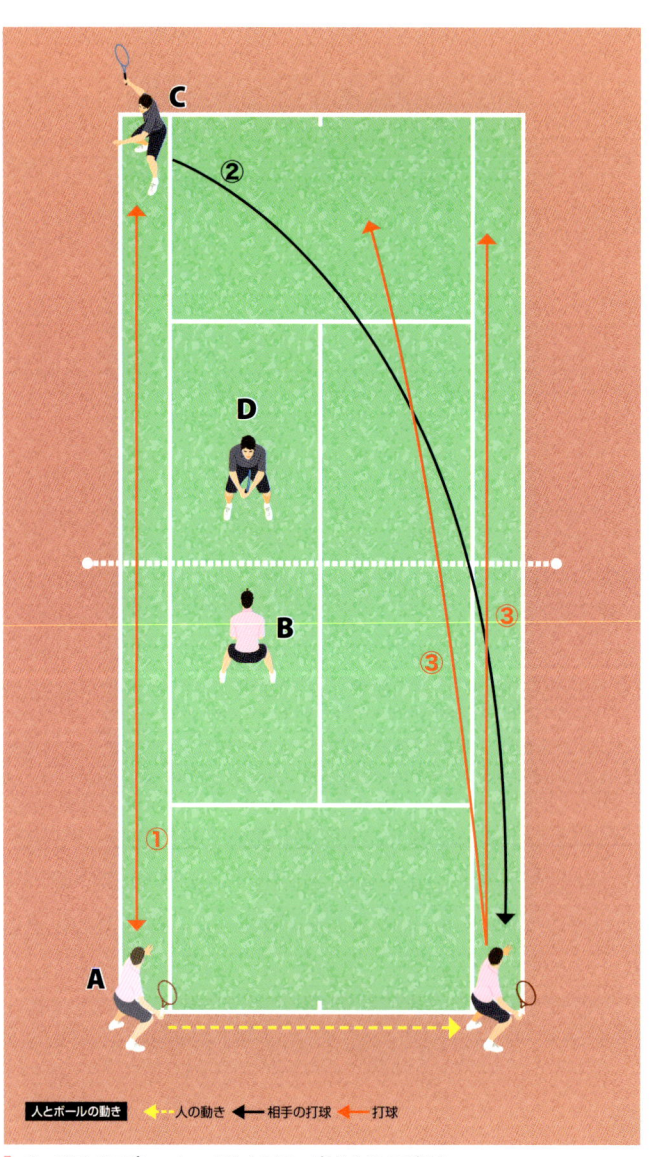

手順

① 左ストレートでラリーをする
② ベースラインプレーヤーCはクロスへロビングで振る
③ ベースラインプレーヤーAはクロスへ走り、ストレートまたはセンターへランニングショットを打つ

ベースラインプレーヤーAはクロスへ走らされながらも、ランニングショットで切り返す

指導者MEMO 仕掛けた相手は、切り返されると心理的にダメージを受けます。この戦術ではそれをねらい、ランニングショットを使って素早い切り返しを決めます。

フォーメーション	人数 4人
メニュー **168** 中ロブから誘ってボレー	時間 —
	道具 なし

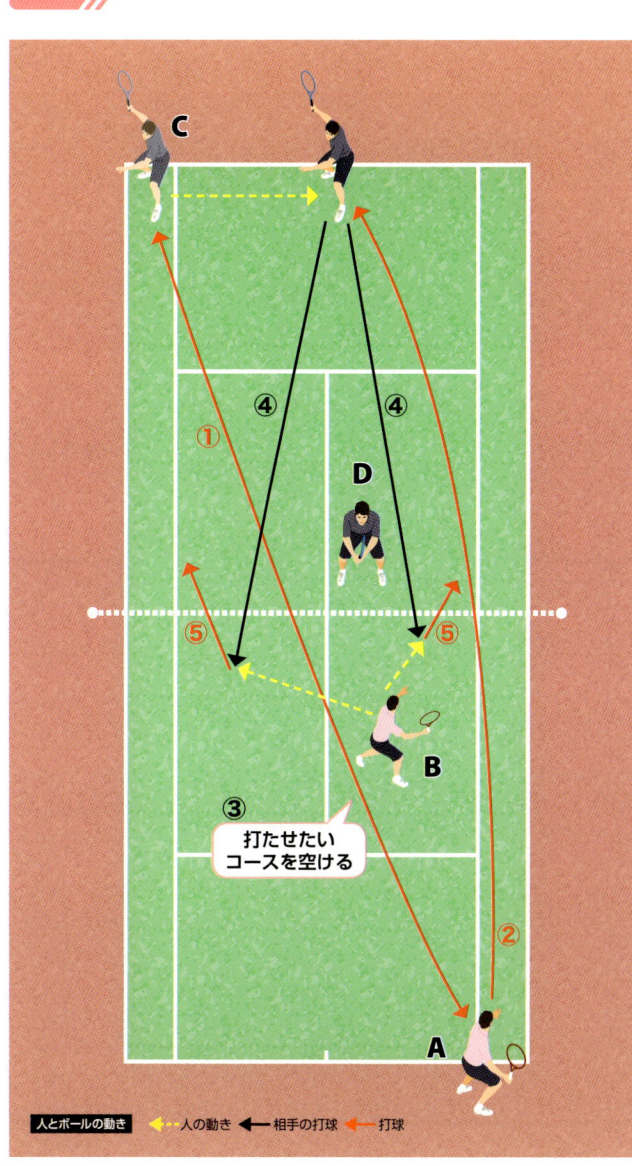

ねらい センターへの中ロブを打ち、ネットプレーヤーのポジションでどのコースへ打つかを惑わせます。誘いにのってきたらボレーを決めます。

手順

① ベースラインプレーヤー同士がクロスラリーをする

② ベースラインプレーヤーAはセンターへ中ロブを打つ

③ ネットプレーヤーBは自分が打たせたいコースを意図的に空ける

④ ベースラインプレーヤーCはBのポジションで判断して引っ張りのボールを打つ

⑤ ネットプレーヤーBはCの返球に対してボレー

打たせたいコースを空ける

人とボールの動き ← 人の動き ← 相手の打球 ← 打球

指導者MEMO
センターへ回りこんでフォアで打つ場合は、打つコースに迷いますが、この戦術ではそれをねらいます。相手が回りこめる場所へ中ロブを打つことが大切です。

■ ネットプレーヤーBは、コースを空けて待つ。打たせてとることが大切

フォーメーション

メニュー 169 守備型並行陣の攻略

人数	4人
時間	—
道具	なし

ねらい ショートクロスを使って、守備型並行陣の陣形を崩します。

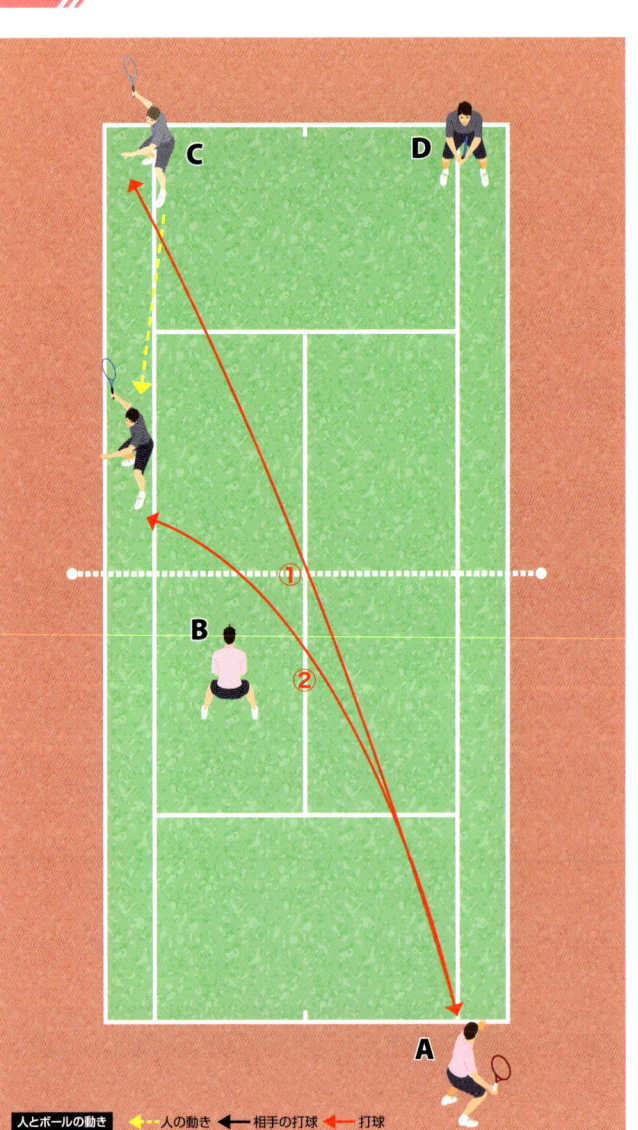

手順

① ベースラインプレーヤーAとCがクロスでラリー
② ベースラインプレーヤーAはショートクロスを打ち、Cをネット前に引きだす

人とボールの動き　←--- 人の動き　← 相手の打球　← 打球

クロスラリー中に深いボールでベースライン上に押しこめると、ショートクロスが有効になる

指導者MEMO　守備型並行陣攻略の基本は、長いボールや短いボールで揺さぶりをかけることです。コースはショートクロスやセンターが効果的です。

フォーメーション

メニュー 170　甘いサービスから前にでる①

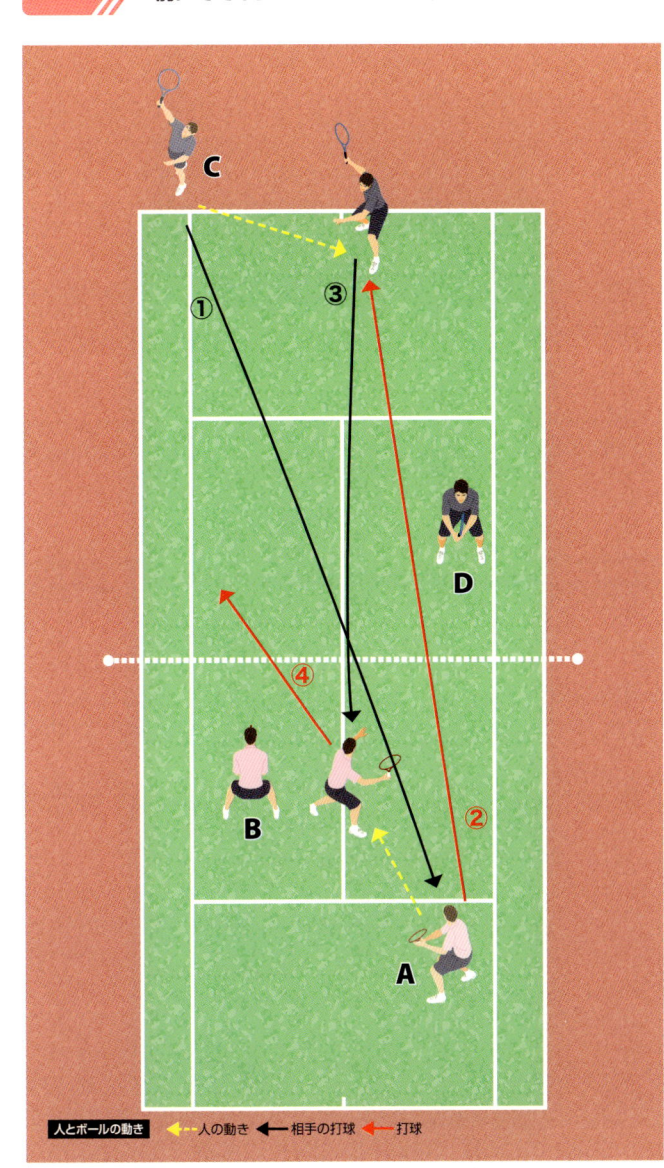

人数 4人
時間 ——
道具 なし

ねらい 甘いサービスをセンターにレシーブし、前にでてボレーでポイントします。

手順

① ベースラインプレーヤーCがクロスから甘いサービスを打つ
② ベースラインプレーヤーAは、サービスをセンターへ強打でレシーブする
③ ベースラインプレーヤーCはなんとか返球をする
④ ベースラインプレーヤーAは甘くなった返球を前にでてクロスにボレーをする

人とボールの動き　人の動き　相手の打球　打球

レシーブ後、ネットプレーヤーAは前に詰めて相手にプレッシャーをかけ、甘い球が上がってきたら迷わず叩く

指導者MEMO 以前はベースラインプレーヤーはレシーブ後ベースラインに下がって対応しました。現在は、前で攻める選手が増えたため、レシーブの強打が有効です。

フォーメーション

メニュー 171 甘いサービスから前にでる②

人数 4人
時間 ——
道具 なし

ねらい 甘いサービスをストレートにロブレシーブで返し、前にでてボレーでポイントします。

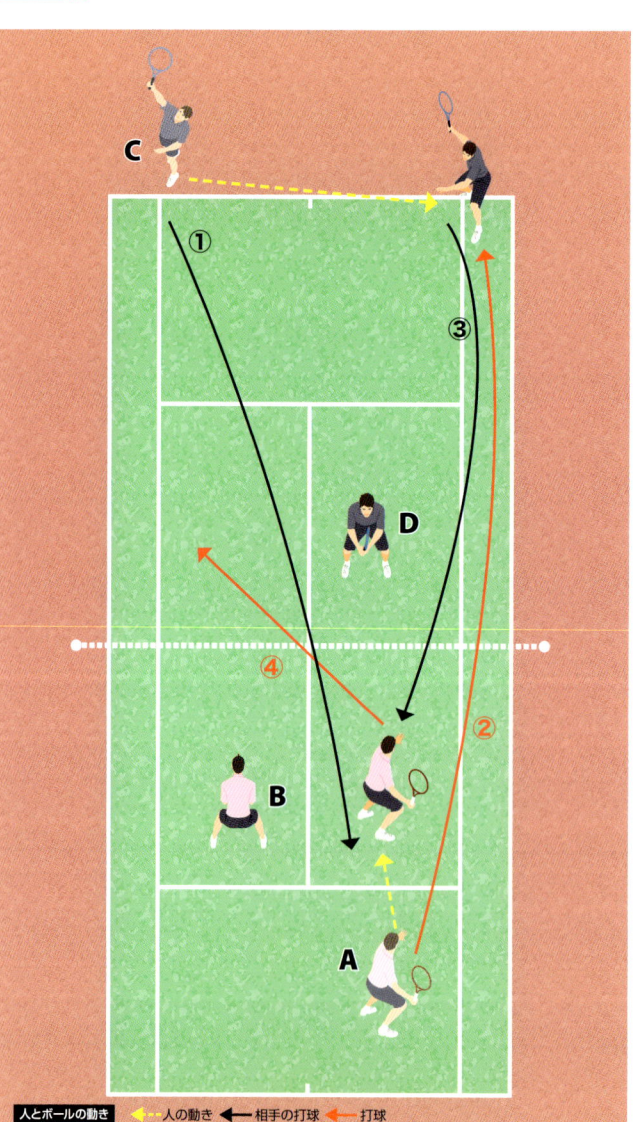

手順

① ベースラインプレーヤーCがクロスからサービスを打つ
② ベースラインプレーヤーAはストレートへ、中ロブのレシーブをする
③ ベースラインプレーヤーCは返球をする
④ ベースラインプレーヤーAは前にでてクロスにボレーをする

人とボールの動き　人の動き　相手の打球　打球

レシーバーAは返球後に前進し、相手の打ち方でシュートかロブかを見極め、体勢を整えてスマッシュかボレーで攻める

指導者MEMO 早いタイミングで、かつ相手ネットプレーヤーがギリギリ触れない高さの中ロブを打ちます。そうすることで、相手から甘い球が返ってきます。

フォーメーション

メニュー 172 クロスへの短いボールで前にでる

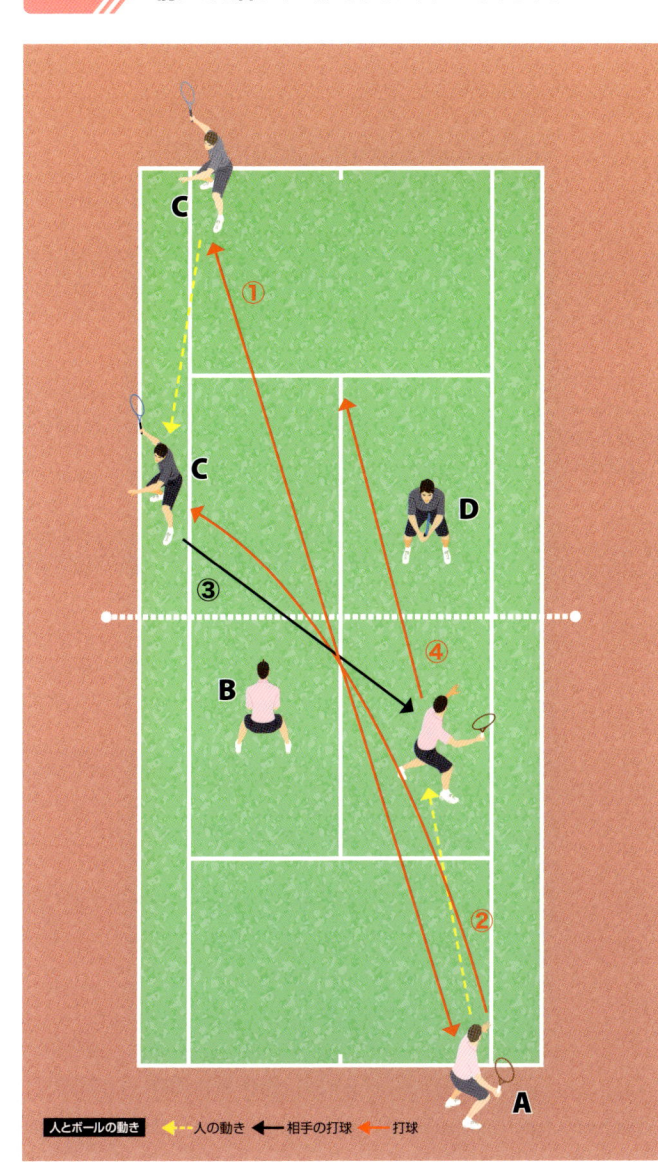

人数	4人
時間	—
道具	なし

ねらい ショートボールをクロスに仕掛け、前にでて甘いボールをポイントにつなげます。

手順

① ベースラインプレーヤー同士がクロスラリーをする
② ベースラインプレーヤーAはショートボールをクロスに打ち、前にでる
③ ベースラインプレーヤーCは前にでて返球
④ ベースラインプレーヤーAは甘い返球を前にでてクロスにボレー

人とボールの動き　---→ 人の動き　←— 相手の打球　←— 打球

クロスへの深いボールからショートボールという展開を悟られないように仕掛ける

指導者MEMO ショートボールはバウンドが少ないスライス回転が理想です。返球しづらいため、甘い返球の確率が高く、前でボレーをしやすくなります。

フォーメーション

メニュー 173 サーバーのネットプレーヤーを狙うレシーブ①

- 人数：4人
- 時間：—
- 道具：なし

ねらい　サービス後に前へ詰めてくるネットプレーヤーを、センターレシーブで攻撃します。

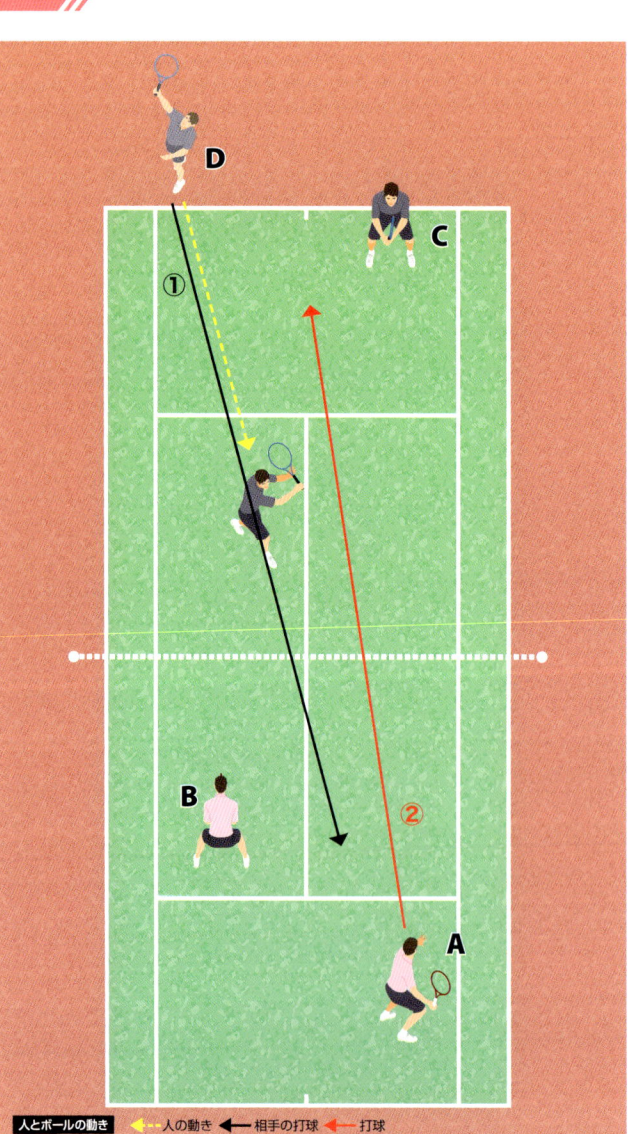

手順

① クロスからネットプレーヤーDがサービスをする
② サービス後にネットプレーヤーDが前に詰めているうちに、ベースラインプレーヤーAはセンターへのレシーブで攻める

人とボールの動き　　人の動き（黄破線）　相手の打球（黒）　打球（赤）

センターへのレシーブは、相手ネットプレーヤーDに腰より低い位置でボールを触らせ、ミスを誘う。ローボレーされた場合はネットプレーヤーBがポーチボレーで決める

指導者MEMO　ネットプレーヤーのサービス後の前進ボレーを攻めることは攻撃の基本です。前進している足元やバック側へ打つと、ミスをしやすくなります。

メニュー 174 フォーメーション
サーバーのネットプレーヤーを狙うレシーブ ②

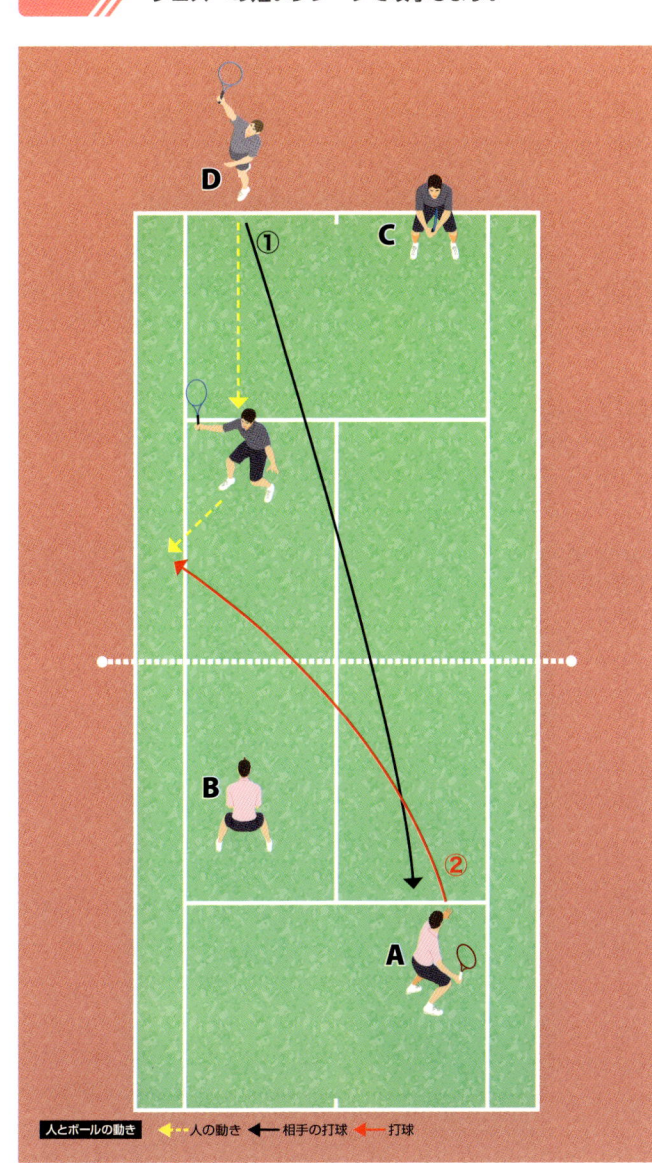

- 人数：4人
- 時間：——
- 道具：なし

ねらい
サービス後、前に詰めてくるネットプレーヤーをクロスへの短いレシーブで攻撃します。

手順
① クロスからネットプレーヤーDがサービスをする
② ネットプレーヤーDが前に詰めているところを、ベースラインプレーヤーAはクロスへのショートボールのレシーブで攻める

人とボールの動き　←--- 人の動き　← 相手の打球　← 打球

相手に悟られないよう、他の打ち方と同じテークバックで、クロスへのショートボールを打つ

指導者MEMO
相手を一人コートの外にだし、センターを空けます。ラリー中でも相手をベースラインへ押しこみ、ショートボールで攻める攻撃は有効です。

フォーメーション

メニュー 175 攻撃型並行陣対策①

人数	4人
時間	—
道具	なし

ねらい 攻撃型並行陣（ダブルフォワード）の陣形を、中ロブで崩す攻め方です。

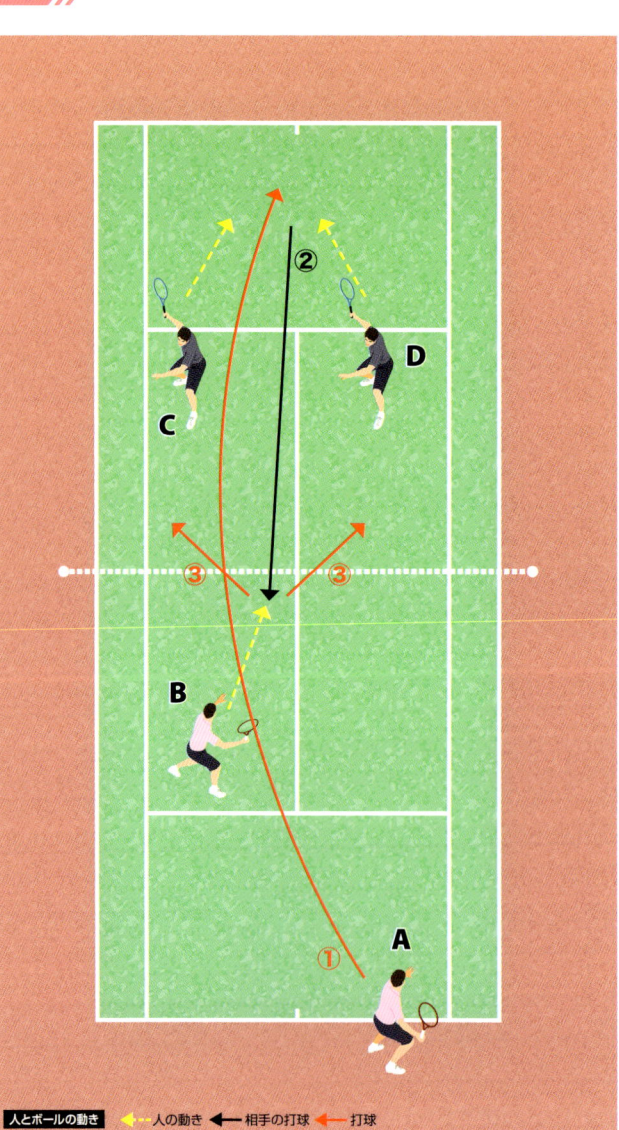

手順

- A、Bは雁行陣で構えてクロスのポジションにつき、相手はサービスライン上に並ぶ
- ① ベースラインプレーヤーAはセンターへ中ロブを上げ、相手の陣形を崩す
- ② C、Dいずれかが返球
- ③ ネットプレーヤーBは相手からの甘い返球を攻める

人とボールの動き　---▶ 人の動き　━▶ 相手の打球　━▶ 打球

センターへ中ロブを上げると、相手は迷い、届いてもつなぎの返球になるため、ポイントのチャンス。高いロビングでスマッシュミスを誘う手もある

指導者MEMO 他の攻め方には、カットサービスからの攻め、ロブで走らせて攻め、鋭角へのレシーブの攻めなどがあります。

フォーメーション

メニュー 176 攻撃型並行陣対策②

人数	4人
時間	—
道具	なし

ねらい サイドを狙って、攻撃型並行陣（ダブルフォワード）を崩していきます。

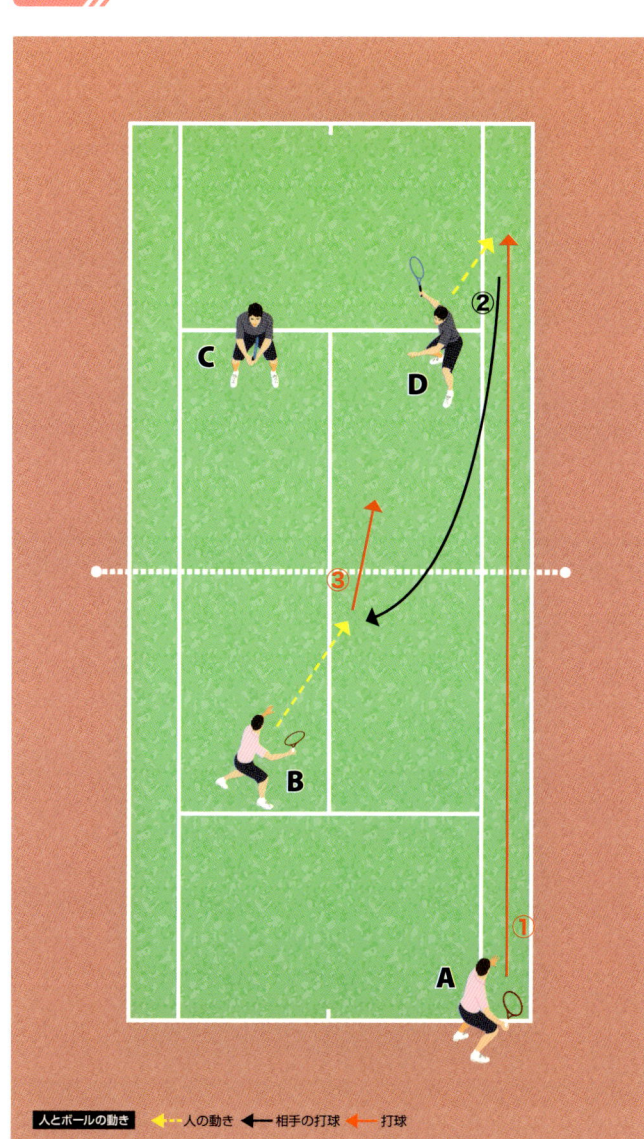

手順

- A、Bは雁行陣で構えてクロスのポジションにつき、相手はサービスライン上に並ぶ
- ①ベースラインプレーヤーAは、ストレートのサイドラインまたはクロスの鋭角を狙って強打する
- ②C、Dいずれかが返球
- ③相手がなんとか返球してきたら、ネットプレーヤーBはさらに攻める

どのコースに打つかわからないようなストロークを心掛ける

指導者MEMO センターへの強打をしがちですが、左右のサイドラインを狙い、陣形をサイドに開かせる戦術も効果的。センターへの攻めと組み合わせましょう。

Column About the Soft Tennis

コラム 自分が変わった一言

「なぜスパルタ式の指導をするのですか?」

　以前、コーディネーショントレーニングの講習会に行ったときの話です。それまでの私の指導法は、それこそスパルタ式でした。

　その私に対して、講習会の指導員から「先生は、どのような指導をしていますか?」と質問をされました。正直に自分の指導法を伝えたところ、その指導員の方は、他の高校球技を例に挙げて言いました。

　「全国でベスト8に入る学校のほとんどがスパルタ式の指導をしています。ですが、それは間違った指導です。スパルタ式というのは、指導者に指導力がないからに他なりません」と。あらためて、「なぜスパルタ式の指導をするのですか?」と聞かれましたが、私の答えは「勝ちたいからです」しかありませんでした。

　このようなやり取りが延々と続き、最後に言われたのは、「あなたは指導ではなく、自分の怒りを表現しているだけではないですか? 選手を叩かずに勝てるように育ててみてはどうですか?」という一言です。私は何も言葉を返せませんでした。確かに教育者であり、連盟の強化委員長でもある立場でしたので、この方のおっしゃる通り、恥ずかしいことをしていたと思ったからです。

　その後、私は今までのスパルタ式を一切しなくなりました。結果的に大会で優勝する回数は減ってしまいました。ですが高校を卒業した選手たちが、大学で活躍するようになってきたのです。

　この理由としてあげられるのは、高校までの部活と、大学での部活の質の違いがあると思います。高校までは、選手たちは指導者に管理される部分が多くあります。それに対して、大学では自由になる時間が圧倒的に多くなります。高校時代に、指導者から押しつけられる練習に慣れている選手たちは、大学に進むと練習のやり方がわからないのです。これではいくらよい素質を持っていても伸びません。

　私たちは、選手のバックアップ役です。選手たちが自分たちで考えられる指導をしていくことで、大学に進んでも選手たちが自分で成長していく手助けができると思います。

選手1人1人にあった指導を心がけることが重要

第9章
シングルス
Singles

ダブルスとは全く戦術が異なるシングルス。
有効なプレーを練習して、
実戦で有利に試合展開できるようにしましょう。

基本概念 シングルス

　国内ではダブルスが主流ですが、国際大会の国別対抗戦はダブルス、シングルス、ダブルスの順に構成され、シングルスは勝敗に影響を与える、大きな役割を担っています。トップ選手やインターカレッジ、社会人選手にはシングルスの大会があり、シングルスに対する考え方や戦術も磨かれている一方、ジュニアや中高生の大会では、ほとんどシングルスの試合が行われていません。ですが練習にシングルスを取り入れる学校も増えています。近い将来、ジュニアや中高生にもシングルスの大会を設け、シングルスの強化にさらに力を注いでいく必要があります。

POINT①
すべての要素が要求される

　1人で攻撃と守備の全てを担当します。そのため、ダブルスでのベースラインプレーヤーの技術と、ネットプレーヤーの技術の両方が求められます。また、相手の攻撃の予測や、仕掛けていく戦術も、より磨かれたものが必要になります。このような要素があるため、ダブルスの練習にも取り入れられます。

POINT②
攻守のバランスが大切

　シングルスでは、選手が1人でカバーするコートが広くなるため、心理的に攻め急いでしまい攻撃ばかりになってしまいがちです。この気持ちは大事ですが、相手からの難しい返球を無理やり攻撃してしまうと、ミスにつながります。緩急や長短をつけて、アタック一辺倒にならないようにします。

コートカバーリングとポジショニング

基本概念 コートカバーリングとポジショニング

シングルスでは、1人でコートを守らなければなりません。そのため、コートの真ん中にポジションをとらなければならない、と思ってしまいがちですが、自分の打ったボールに対して、ポジションを変えていきます。下のコート図のように、打球のコースによって、カバーする部分が変わります。また、カバー部分とは別に、「捨てコース」という部分もでてきます。捨てコースというと、「むざむざと見過ごすなんて」と思うかもしれません。ですが捨てコースは、相手が返球しにくい部分で、確率的にもまずここに決められることはないのでカバーする必要性が低いコースなのです。

クロスからクロス

クロスからストレート

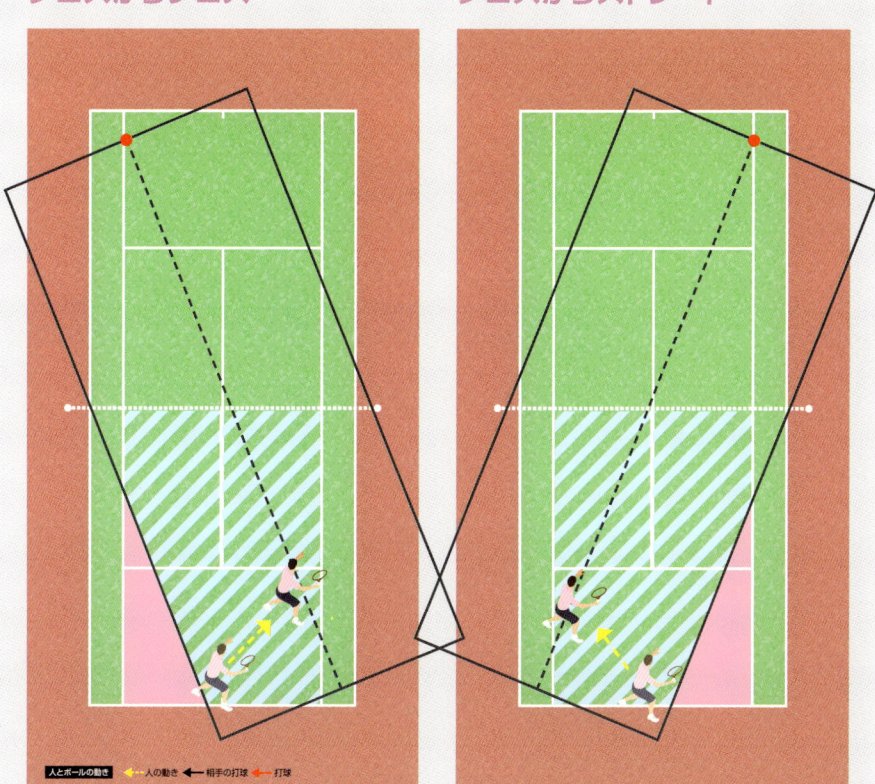

人とボールの動き　←—人の動き　←—相手の打球　←—打球

クロスからクロスへ返した場合、青い斜線の範囲が相手の予想返球スペース。そのスペースから仮想コースを見立て、仮想コースの中央にポジションを取る。ピンク部分は捨てコース。

クロスから右ストレートへ返球した場合、青い斜線の範囲が相手の予想返球スペース。そのスペースから仮想コースを見立て、仮想コースの中央にポジションを取る。ピンク部分は捨てコース。

シングルス

メニュー 177 サービスから オープンコートを攻める

人数	2人
時間	——
道具	なし

ねらい サービスをワイド方向に打って、相手のオープンコートを狙う攻め方です。

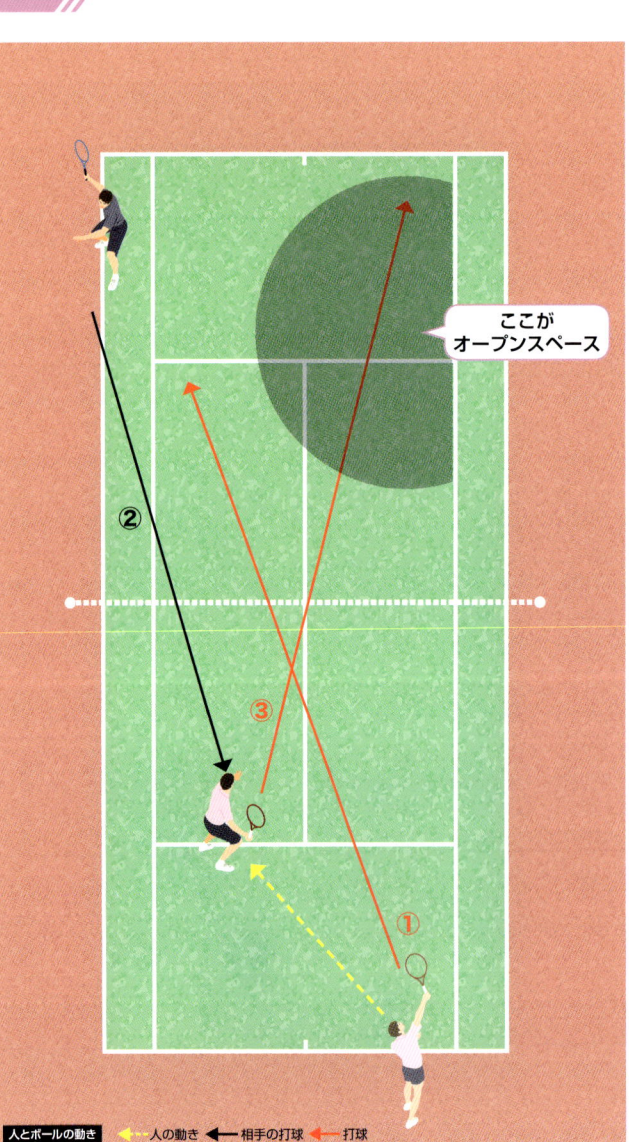

手順

① 選手はサービスを深めのクロスに打つ
② 相手はコートの外にでながらレシーブする
③ 選手はオープンコートへ打つ

ここがオープンスペース

人とボールの動き ←---人の動き ←― 相手の打球 ←― 打球

サービスをクロス、または逆クロス深くに打つことで相手をコート外にだすと、オープンスペースができ、次の球を攻めやすい

指導者MEMO シングルスでは常にオープンコートをつくることを考えます。角度をつけたサービスを打つ場合には、サービスにスピードや威力が必要です。

シングルス

メニュー 178 ストレートレシーブから前にでる

人数 2人
時間 ―
道具 なし

ねらい 相手のレシーブをストレートへ打ち、相手からの甘い返球を叩きます。

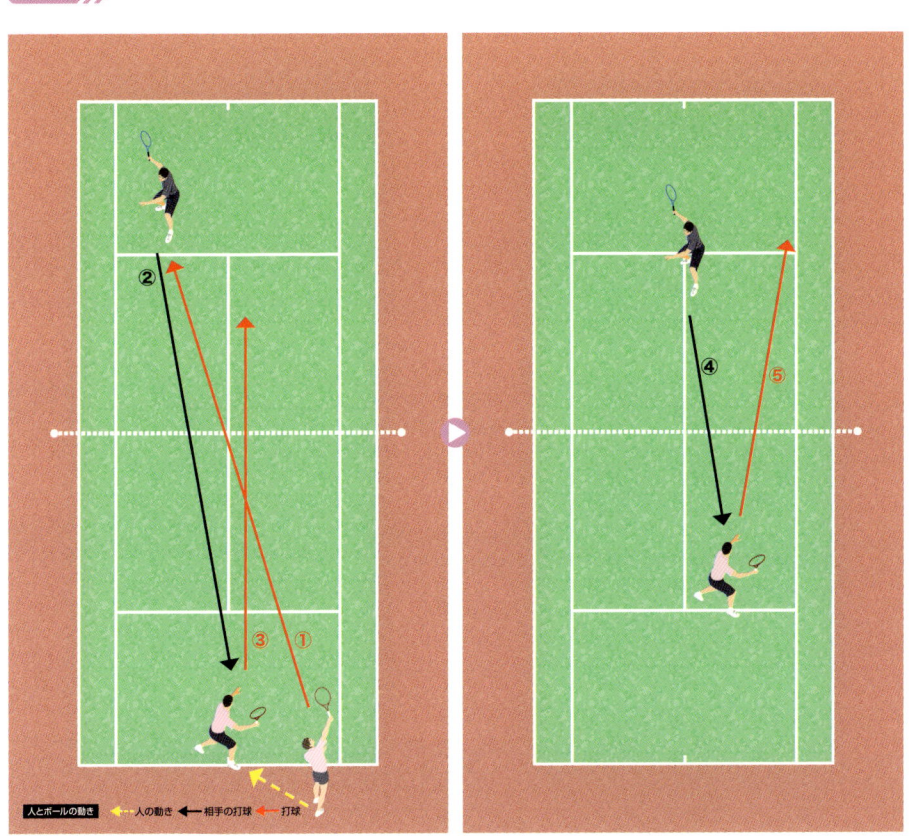

相手にバックハンドで返球させるよう、ストレートへのレシーブをしてから攻める

手順
①選手はクロスサイドからセカンドサービスをする
②クロスサイドから相手のレシーブがセンターに入る
③選手はレシーブをストレートへ落とす
④相手は前に詰めて返球
⑤選手は前に詰めて叩く

指導者MEMO 通常は相手レシーバーが有利なセカンドサーブですが、返球をストレートへのアプローチで揺さぶり、前に詰めて決めにいきます。

シングルス

メニュー 179 ペースを変えて揺さぶる

人数 2人
時間 ―
道具 なし

ねらい
ペースの異なるボールを左右に送り、相手を揺さぶります。

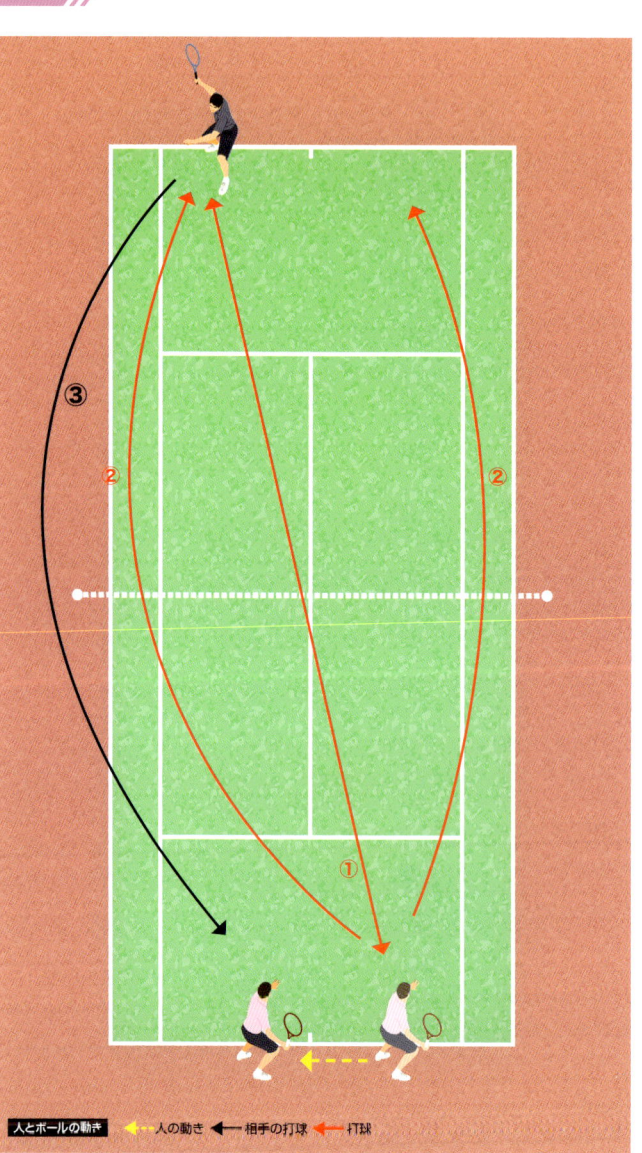

手順

① クロスラリーをする
② 選手はセンター寄りのポジションから、ほどほどの速さのボールで左右の深めに返球する。（左右のボールや回転を加えて、相手を揺さぶる）
③ 相手も選手を揺さぶるショットで対応する
④ 相手の揺さぶりに対しては、大きなロビングを深めに返して時間をつくり、センターポジションに戻る

指導者MEMO

1球で決めるのではなく、左右、長短、高さ、緩急のついたラリーで揺さぶり、リズムを崩してミスを誘うのも、シングルスで有効な攻撃です。

人とボールの動き ---→ 人の動き ←― 相手の打球 ←― 打球

シングルスでは、スピードボールではなくても深い球でも相手を追い詰めることができる

シングルス

メニュー 180
クロスラリーから クロスへ切り返し

人数 2人
時間 ―
道具 なし

ねらい クロスのラリーから、さらにクロスへ短いボールを送り、相手からの返球を切り返します。

手順

① クロスラリーをする
② 相手はクロスに短いボールを打つ
③ 選手はクロスへ角度をつけたショートボールを打つ

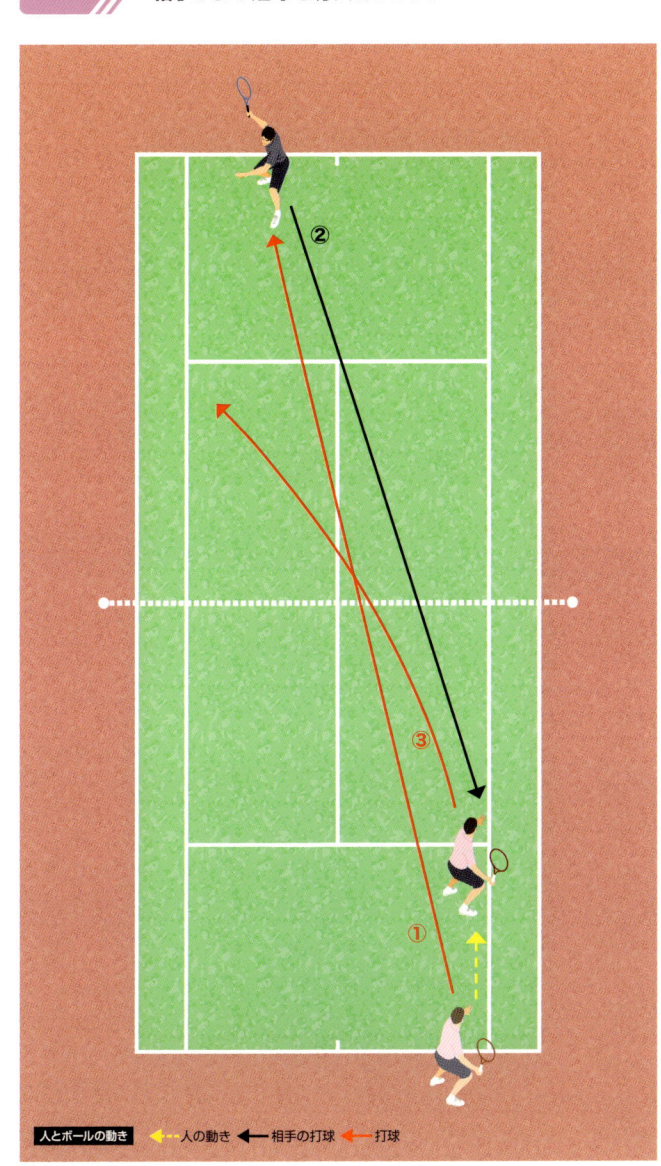

人とボールの動き　---→ 人の動き　←― 相手の打球　←― 打球

短いボールがきても慌てず、クロスへ切り返してピンチをチャンスに変える

指導者MEMO

相手が仕掛けてきても、返球コースが読めていれば慌てずにすみます。この場合はクロスへ切り返すことで、相手の不意をつくことができます。

シングルス

メニュー 181 クロスラリーから ストレートへ切り返し

人数 2人
時間 ―
道具 なし

ねらい クロスのラリーから相手の短い返球を、ストレートへ切り返します。

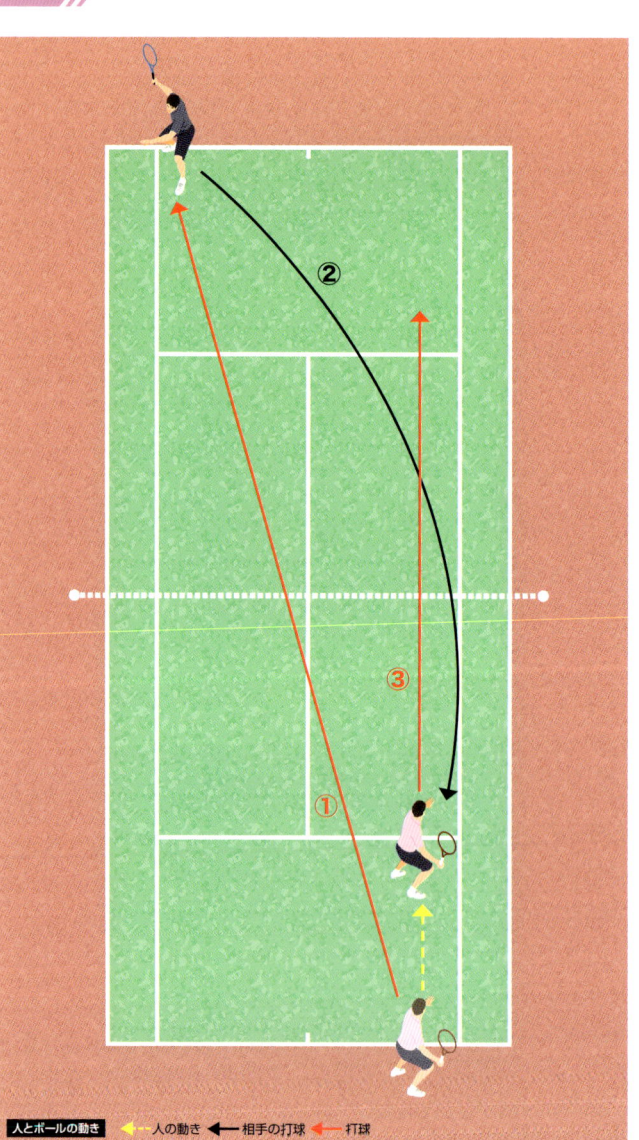

手順
① クロスラリーをする
② 相手はクロスに短いボールを打つ
③ 選手はストレートに切り返して打つ

人とボールの動き　←--- 人の動き　← 相手の打球　← 打球

ストレート狙いが相手に読まれないよう、クロス方向へ打つように思わせる

指導者MEMO 肩を入れて相手をけん制しながら、自分はクロスへ返球すると思わせます。そして、できるだけ相手を引きつけてストレートへ打ちます。

シングルス

メニュー 182 逆クロス展開の攻撃①

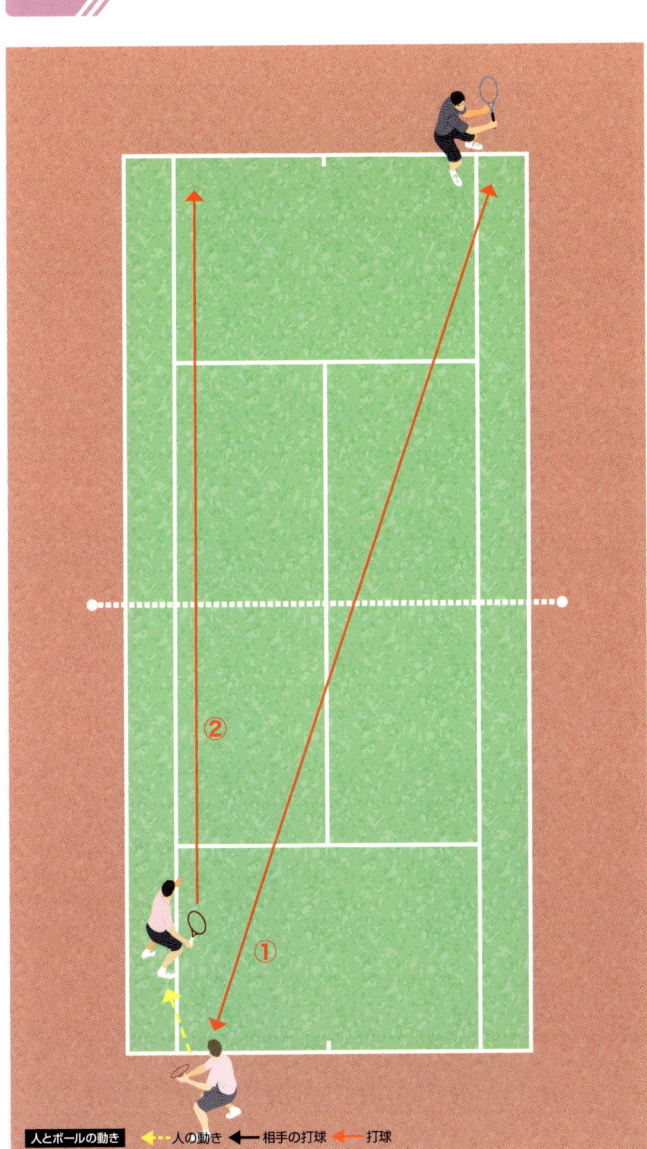

人数 2人
時間 ——
道具 なし

ねらい 逆クロスのラリーから回りこんでアタックにいきます。

手順

① 逆クロスでバックハンドのラリーをする
② 選手は相手の返球に回りこみ、フォアハンドでストレートへ攻めていく

指導者MEMO
シングルスではバックハンドが苦手な選手が多いため、逆クロスを使うことが多くなります。打球のコースを逆クロスやクロスからストレートに切り返すときは打つ距離が短くなるので、アウトしないように注意。

人とボールの動き　人の動き　相手の打球　打球

コースを変えると自分側のオープンコートが広くなるデメリットも頭に入れておく

シングルス

メニュー 183 逆クロス展開の攻撃②

人数 2人
時間 ―
道具 なし

ねらい 逆クロスのラリーから、バックハンドでストレートへ攻めます。

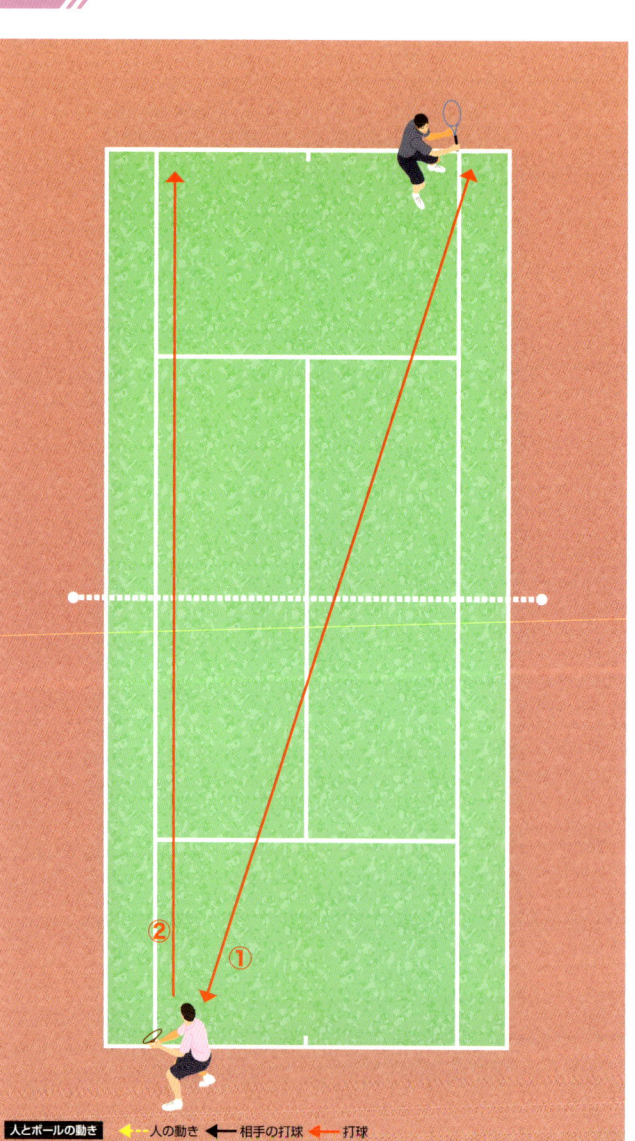

手順
① 逆クロスでバックハンドのラリーをする
② 選手はバックハンドでストレートへ打つ

One Point! アドバイス
逆クロスからストレートへ打つバックハンドストロークができなければ、大会の上位では活躍できません。バックハンドが苦手な人ほど、日頃から練習をしてください。

指導者MEMO
逆クロスへの引っ張りのバックだけではなく、ストレートへの流しのバックを打つことで、相手にストレートを警戒させることができます。

人とボールの動き　人の動き　相手の打球　打球

逆クロスからストレートを攻めると、相手がストレートへ移動してくるので、相手コートの逆クロス側がオープンコートになる

シングルス

メニュー 184 ネットに詰めてくる相手を攻略①

人数	2人
時間	—
道具	なし

ねらい ネットへ前進してくる相手をロビングでかわして、揺さぶりをかけます。

手順

① クロスラリーをする
② 選手はショートボールを打つ
③ 相手は前に詰めてセンターに返球
④ 選手はロビングで相手の後方を狙う

人とボールの動き　←--人の動き　←—相手の打球　←—打球

ギリギリまでロビングを上げることが悟られないよう、テークバックは通常のストロークと同じように構える

指導者MEMO 最大のポイントは、ネットにつかれるのではなく、つかせてロビングを上げるという点です。ショートボールで前後に揺さぶりをかけます。

シングルス

メニュー 185 ネットに詰めてくる相手を攻略②

人数 2人
時間 ──
道具 なし

ねらい ネットへ前進してくる相手に対して、クロスの鋭角を攻めます。

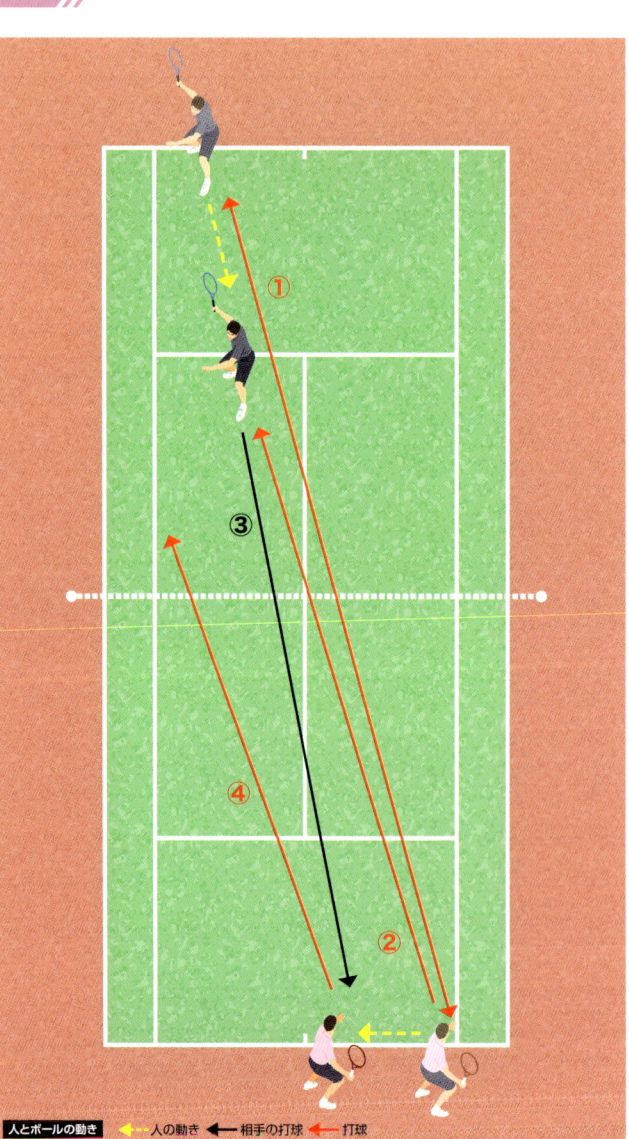

手順

① クロスラリーをする
② 選手はショートボールを打つ
③ 相手は前に詰め、センターに返球
④ 選手はクロスの鋭角に落とす
⑤ 同様に、逆クロスも行う

人とボールの動き　←── 人の動き　←── 相手の打球　←── 打球

▍前に前進した相手の逆をついて、クロスの鋭角を攻める

指導者MEMO

硬式テニスのラリー中は、ネットのセンターベルトが非常に大きな役割をしているそうです。選手たちはセンターベルトを目印に、ショットの方向や角度を決めています。ですが、ソフトテニスでは目標物がないため、クロスに絞りすぎるとアウトになるので注意しましょう。

シングルス

メニュー 186
ストレートラリーから回りこんで逆クロスに打つ ①

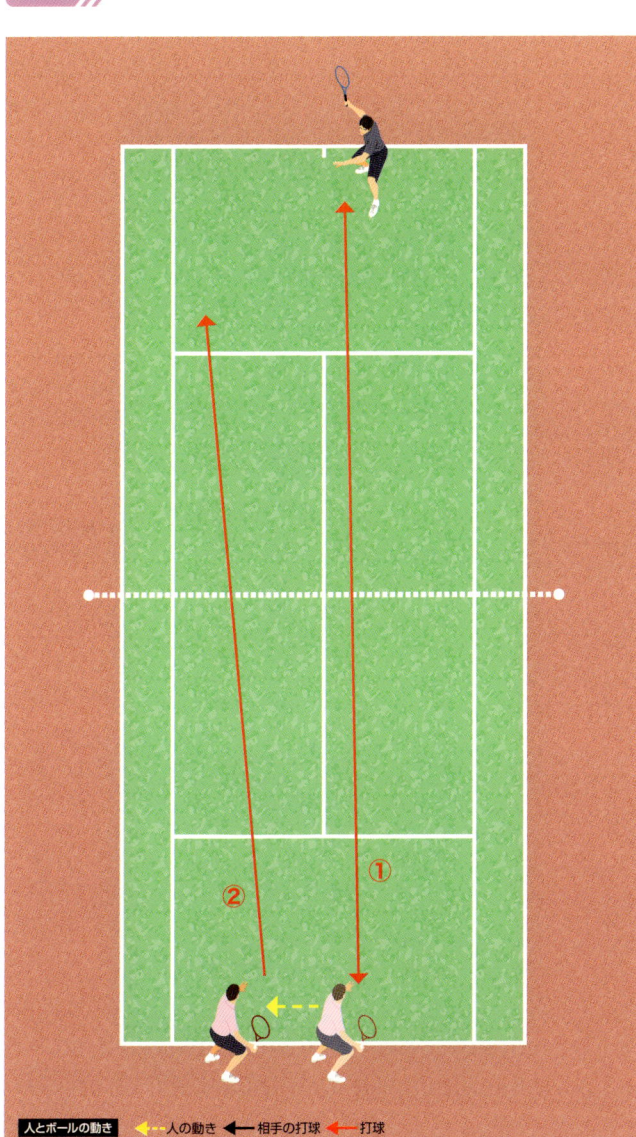

人数	2人
時間	―
道具	なし

ねらい センターでのストレートラリーから、フォアに回りこんで逆クロスへ打ちます。

手順

① 互いにセンターにポジションをとり、ストレートラリーをする
② 選手はバック側にきたボールに回りこんで逆クロスへ打つ

人とボールの動き　←‑‑ 人の動き　← 相手の打球　← 打球

ラリー中のボールは強打をせず、ボールの勢いを減らしながら相手の様子をうかがい、ここぞという時に回りこんで逆クロスパスを打つ

指導者MEMO
センターからストレートへ
フォアとバックを交互に8本打ち、最後に角度をつけたアタックで決めるという練習も効果的です。

シングルス

メニュー 187 ストレートラリーから回りこんで逆クロスに打つ②

人数 2人
時間 ―
道具 なし

ねらい 左ストレートラリーからフォアに回りこんで逆クロスへ打ちます。

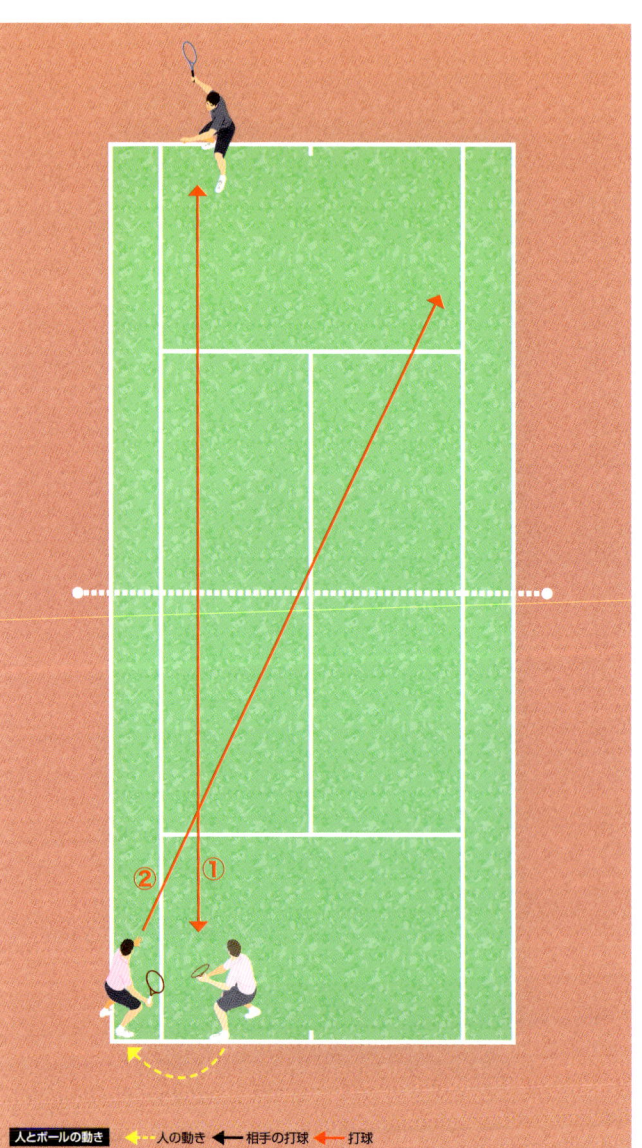

手順
① 左サイドでストレートのラリーをする
② 選手はバック側にきたボールに回りこんで逆クロスへ打つ

指導者MEMO 逆クロスへ打ったあとストレートへ切り返されたときの対応のため、バックでラリーをしておきます。逆に先に相手にクロスへ打たれた場合は、ストレートへ切り返します。

人とボールの動き ----→ 人の動き ◀--- 相手の打球 ◀--- 打球

前進した相手の逆をついて、スイングボレーで逆クロスを攻める

シングルス

メニュー 188 ツイストからネットプレーへ

人数 2人
時間 ——
道具 なし

ねらい ストレートへのツイスト（極端に短いボール）で仕掛けて、前に詰めてネットプレーで勝負します。

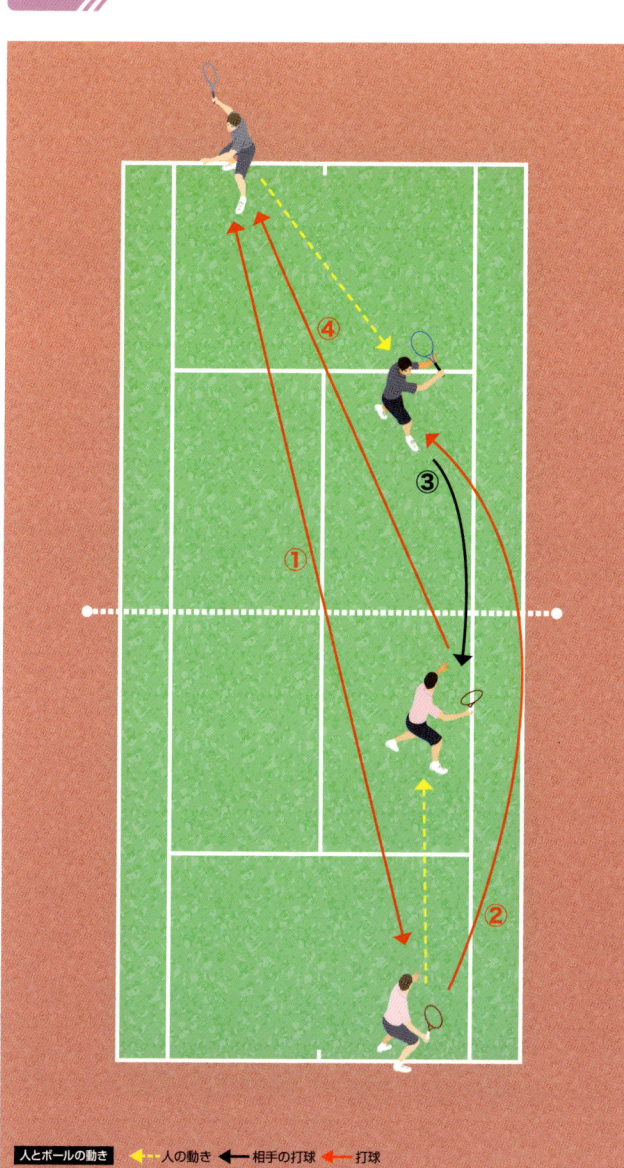

手順

① クロスラリーをする
② 選手がストレートへ相手のバック側にツイストを打つ
③ 相手は前に詰めて返球
④ 甘く上がってきたボールを選手が叩く

人とボールの動き ←--- 人の動き ←— 相手の打球 ←— 打球

■ 相手にバックハンドでツイストを拾わせるようにする

指導者MEMO バックでは短いボールの処理がむずかしくなり、甘い返球になりがちです。また、前に詰めてプレッシャーをかけると返球範囲を狭められます。

シングルス

メニュー 189 ストレート攻めからスイングボレー

人数: 2人
時間: ——
道具: なし

ねらい クロスからストレートを攻め、前に詰めてスイングボレーで決めにいきます。

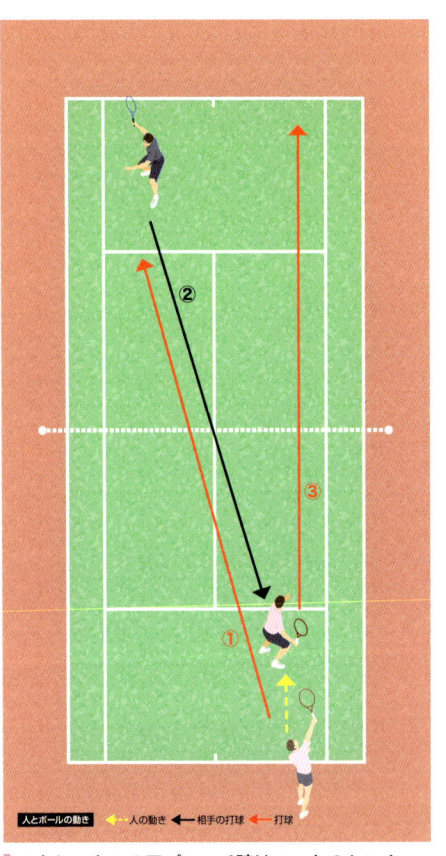

ストレートへのアプローチ時はコートのセンターに移動する

スイングボレーは強打せず、コースを狙って打つ

人とボールの動き　← 人の動き　← 相手の打球　← 打球

手順

① 選手はクロスサイドからワイドにサービスを打つ
② 相手はクロスへレシーブを打つ
③ 選手はアプローチショットでストレートを攻める
④ 相手は返球する
⑤ 選手は甘い返球を前に詰めてスイングボレー

指導者MEMO
ストレートへのアプローチショットを、コースや威力を見て、相手が十分な体勢で打てるかどうかを判断し、前に詰めてプレッシャーをかけていきます。

シングルス

メニュー 190　サービスでアプローチし、ボレーで攻める

人数：2人
時間：—
道具：なし

ねらい　威力あるサービスから前に詰め、ボレーで攻めていきます。

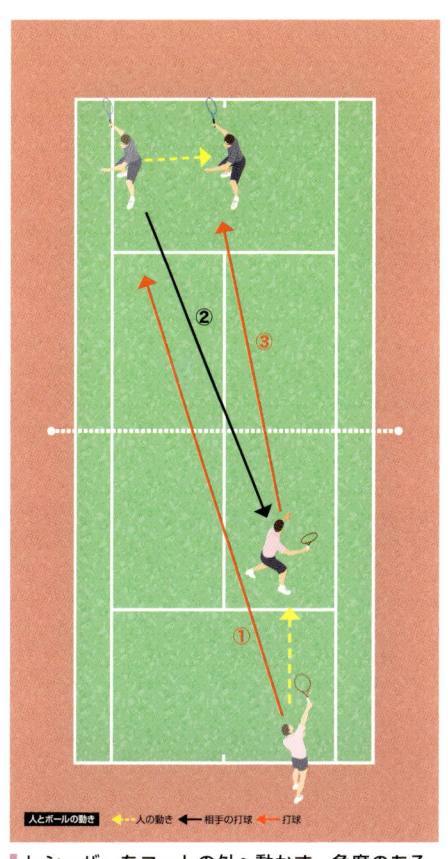

レシーバーをコートの外へ動かす、角度のあるサービスを打つ

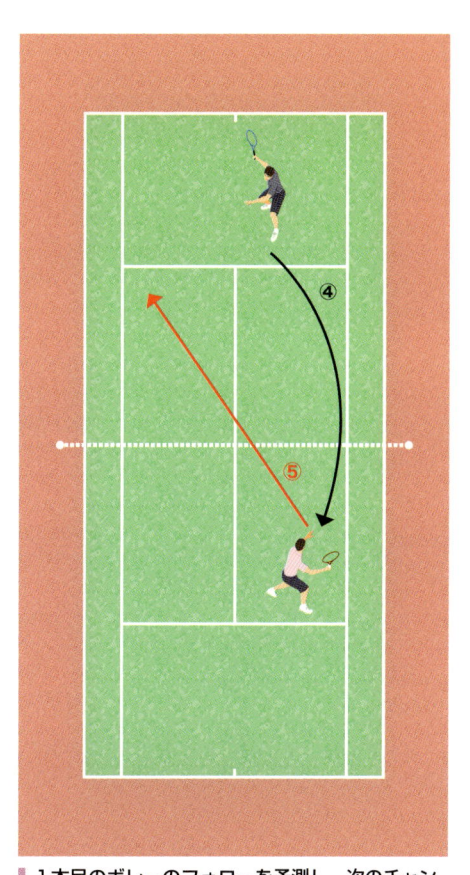

1本目のボレーのフォローを予測し、次のチャンスボールで狙う場所を決める

手順

① クロスサイドから選手がワイドへサービスをする
② 相手は甘いレシーブを返す
③ 選手は前に詰めてボレーをする
④ 相手はボレーを返球
⑤ 選手はオープンコートへボレーを決める
⑥ 同様に、逆クロスでも行う

指導者MEMO　サービス&ボレーはゲームポイントを握っているときなどに使います。1本で決めようとするのではなく、フォローされた球を再度叩く意識が必要です。

シングルス

メニュー 191 ラリーからアプローチし、ボレーで攻める

人数：2人
時間：——
道具：なし

ねらい クロスのラリーからストレートへアプローチショットを打ち、ボレーで攻めていきます。

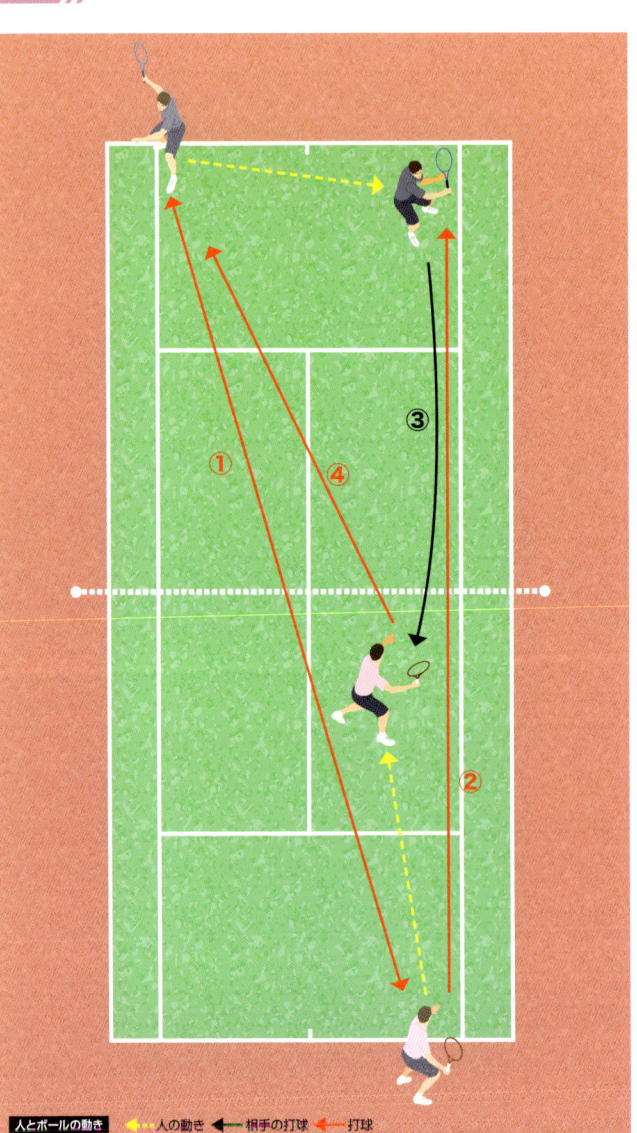

手順

① クロスラリーをする
② 選手はストレートへアプローチショットを打つ
③ 相手は返球する
④ 選手は角度をつけてボレーで決める

人とボールの動き　---▶ 人の動き　◀— 相手の打球　◀— 打球

メニュー190の応用練習。アプローチショットの返球は、相手が右利きならばバックで返球させる

指導者MEMO 相手が右ストレートに返球したら、引っ張るボレーでクロスへ、センターよりならば流すボレーでストレートに返していきます。

シングルス

メニュー 192
深いクロスへの アプローチを切り返し①

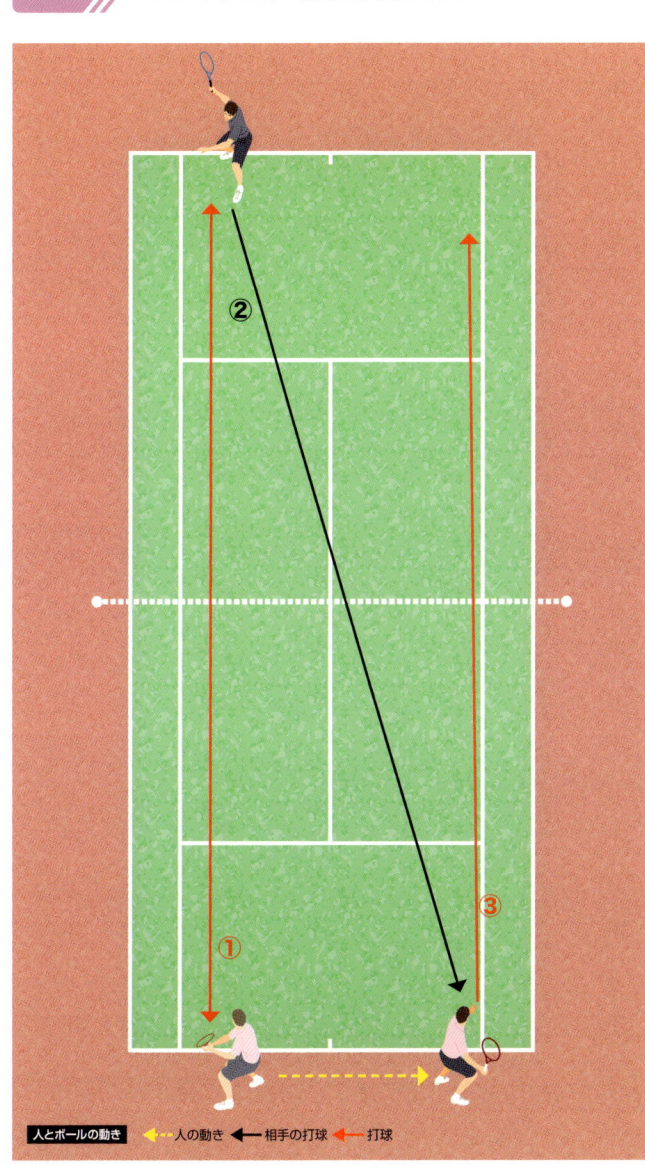

人数 2人
時間 ―
道具 なし

ねらい 相手が深いクロスのアプローチから前に詰めてくるところを、ショートクロスへ切り返す練習です。

手順

① 左ストレートのラリーをする
② 相手はクロスへ、深いアプローチショットを打つ
③ 選手はクロスへ走りながら、ストレートへ切り返す

人とボールの動き　←―― 人の動き　←―― 相手の打球　←―― 打球

走ってきた勢いと身体の回転を活かし、片脚でジャンプしながらストレートへ打つ

指導者MEMO 相手がアプローチしてきた難しいボールですが、サイドラインギリギリに打つほど、前に詰めてきた相手には大きなダメージになります。

シングルス

メニュー 193 深いクロスへのアプローチを切り返し②

- 人数: 2人
- 時間: ―
- 道具: なし

ねらい 相手が深いクロスへのアプローチから前に詰めてくるところを、ショートクロス（鋭角）で切り返します。

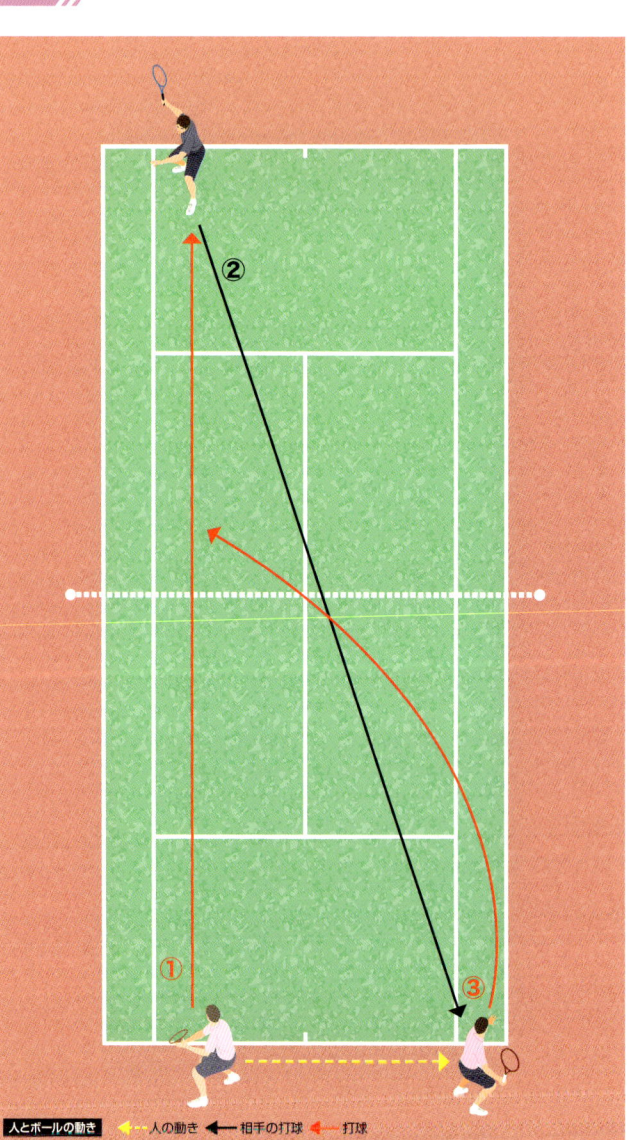

手順
① 左ストレートラリーをする
② 相手はクロスへ深いアプローチショットを打つ
③ 選手はクロスへ走りながら、ショートクロスで切り返す

人とボールの動き　人の動き　相手の打球　打球

ショートクロスを打つときは、コンパクトでスピードのあるスイングで振り切る

指導者MEMO メニュー192のバリエーション練習です。相手が前に詰めてくる状況を見て、ストレートにいくか、クロスの鋭角を攻めるか判断しましょう。

シングルス

メニュー 194 相手の打ち方で予測する

人数	2人
時間	—
道具	なし

ねらい アプローチショットからの攻めを確実に決めるために、予測する力を磨きます。

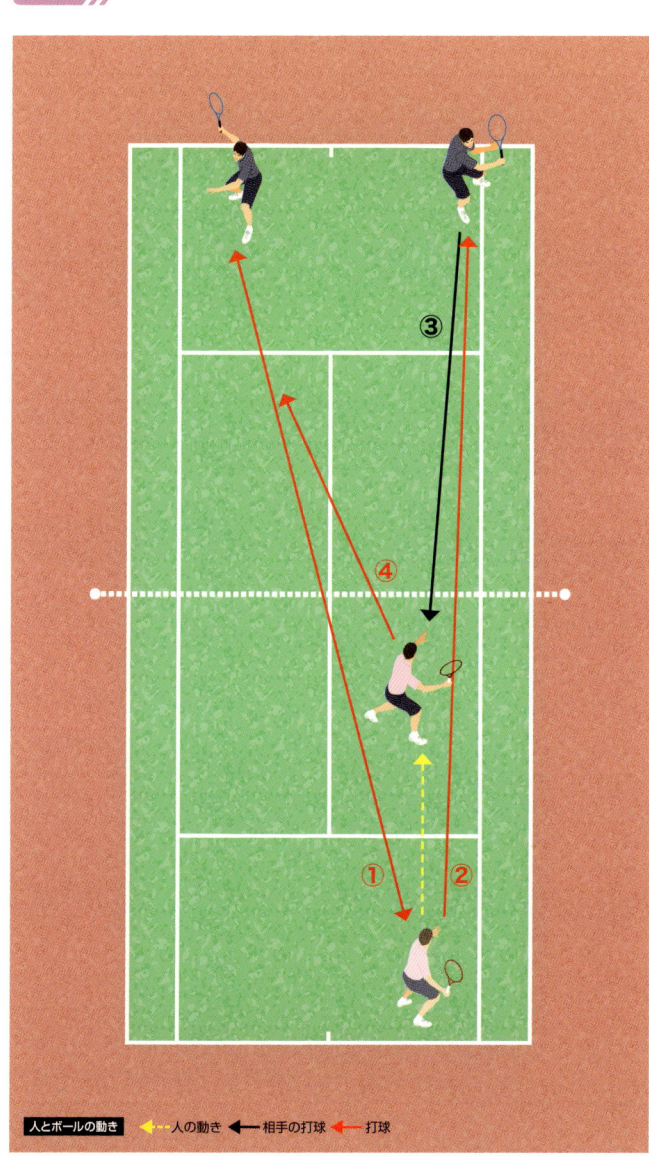

手順

① クロスラリーをする
② 選手はストレートへアプローチショットを打つ
③ 相手はなんとか返球する
④ 選手は相手の打ち方を見てボレーをする

人とボールの動き　---▶ 人の動き　⬅ 相手の打球　⬅ 打球

返球する相手の体勢やラケット面、スタンスや肩の入れ具合を見て、ボールの飛んでくる方向や自分がとるべきポジション、狙うコースを判断する

指導者MEMO
アプローチショットからの攻めは、ボールの行方ではなく、相手の打ち方で次の球に対応して攻められるかが、非常に大きなポイントです。

シングルス

メニュー 195 アプローチ後の中間ポジション①

人数 2人
時間 ——
道具 なし

ねらい 自分の打ったボールの方向によって、アプローチした後の中間ポジションの位置を確認します。

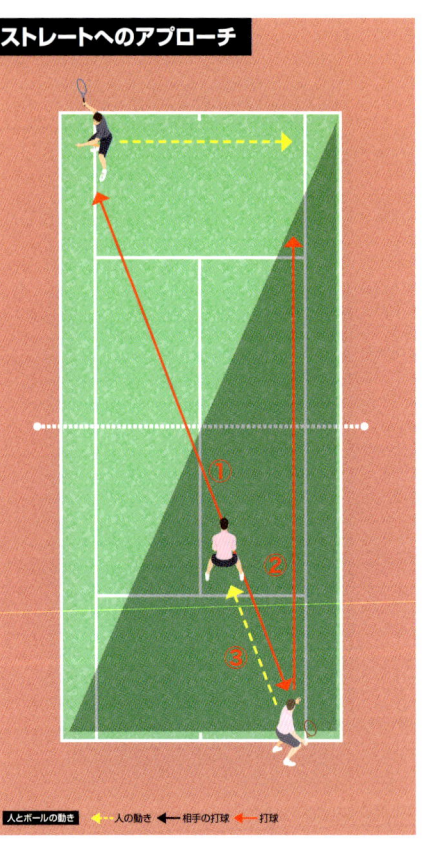

ストレートへのアプローチ

右ストレートから逆クロスの返球スペースを守る

ショートクロスへのアプローチ

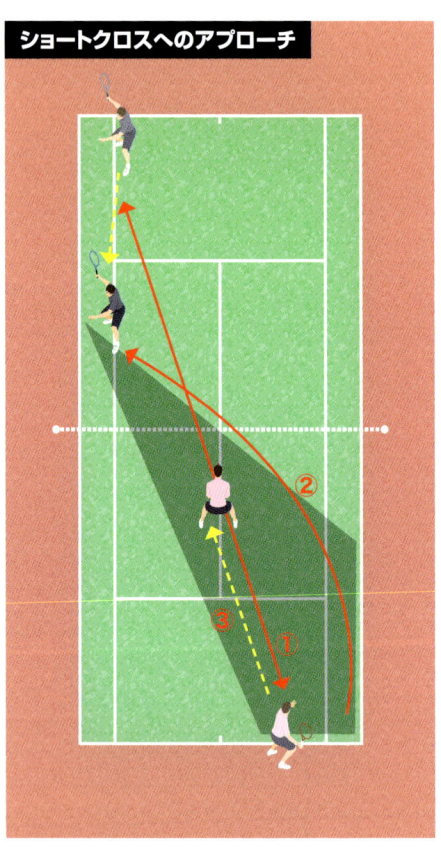

クロス鋭角からセンター付近までの返球スペースを守る

手順

① クロスラリーをする
② 選手はストレート（またはショートクロス）へアプローチショットを打つ
③ 選手は前に詰めて濃い緑部分の返球スペースの中間ポジションで止まる
④ 選手は相手の返球に対応する

指導者MEMO 前に詰めたときは、すべてを守ろうと考えず、相手の返球可能な範囲の3分の2のスペース（図の濃い部分）の真ん中にポジションを取ります。残り3分の1は捨てる気持ちでよいでしょう。

シングルス

メニュー 196 アプローチ後の中間ポジション②

人数 2人
時間 —
道具 なし

ねらい 自分の打ったボールの方向によって、アプローチ後の中間ポジションの場所を確認します。

逆ストレートへのアプローチ

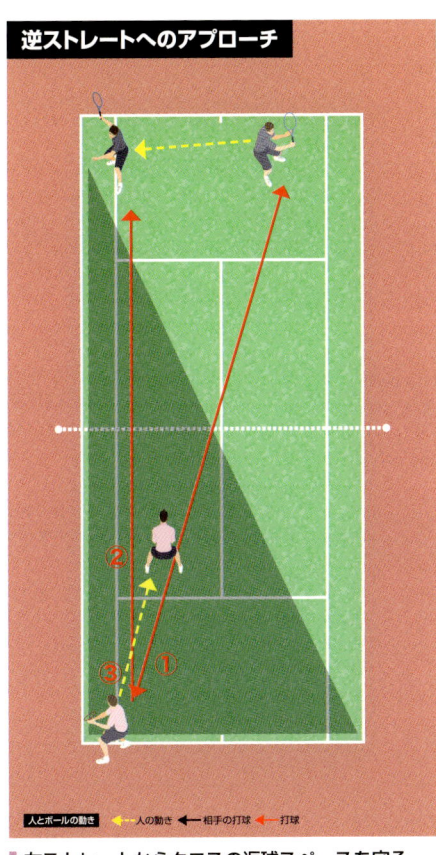

左ストレートからクロスの返球スペースを守る

逆クロス鋭角へのアプローチ

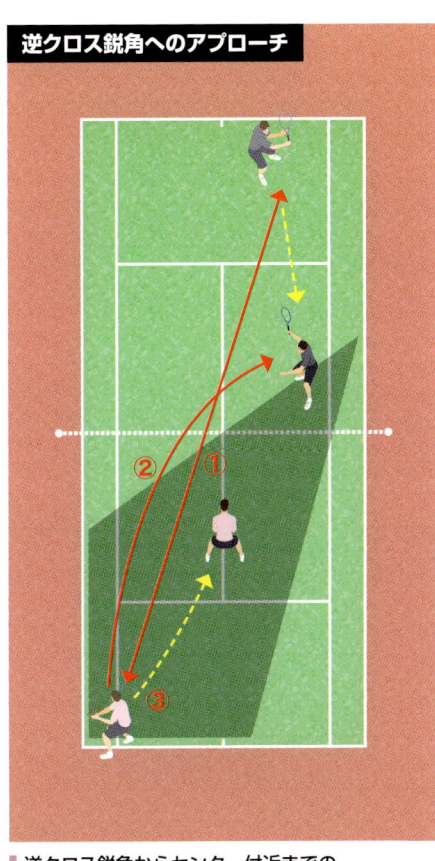

逆クロス鋭角からセンター付近までの返球スペースを守る

手順

① 逆クロスラリーをする
② 選手はストレート（または逆クロス鋭角）へアプローチショットを打つ
③ 選手は前に詰めて濃い緑部分の返球スペースの中間ポジションで止まる
④ 選手は相手の返球に対応する

指導者MEMO 自分がボールを打った位置から、相手が返球可能なスペースの真ん中にポジションを取ります。瞬時にカバー範囲をイメージします。

シングルス

メニュー 197 前にでてくる相手に連続攻撃

人数: 2人
時間: ―
道具: なし

ねらい アプローチショットから前にでてくる相手に対し、連続攻撃で揺さぶります。

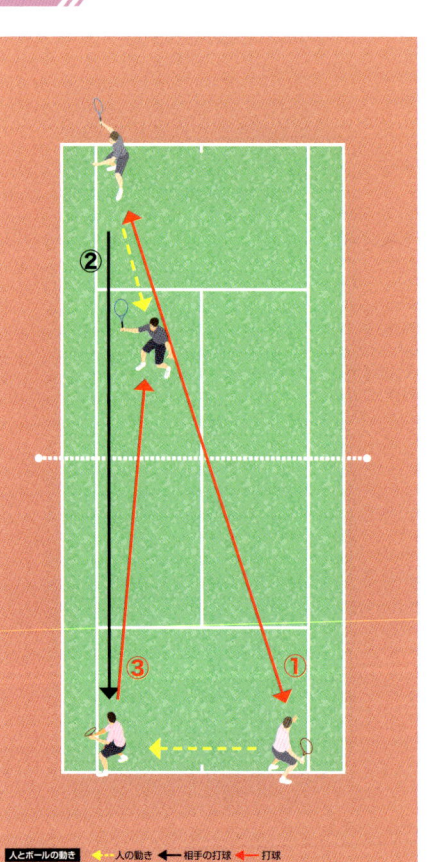

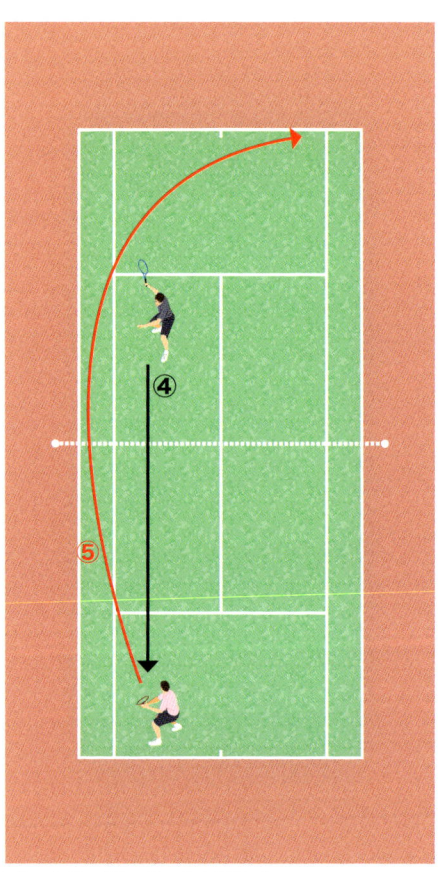

選手は、相手にローボレーさせるために、ストレートのネット前へ低いボールを落とす

手順

① クロスラリーをする
② 相手はストレートへアプローチショットを打ち、前に詰める
③ 選手はストレートのネット前に落とす
④ 相手はローボレーでつなげる
⑤ 選手は逆クロスにロビングを上げる

指導者MEMO 仕掛けてきた相手にローボレーをさせて前に引きつけ、右利きならばバックサイドの逆クロスへロビングを上げ、前後左右に揺さぶります。

シングルス

メニュー 198 防御のロビングを使う

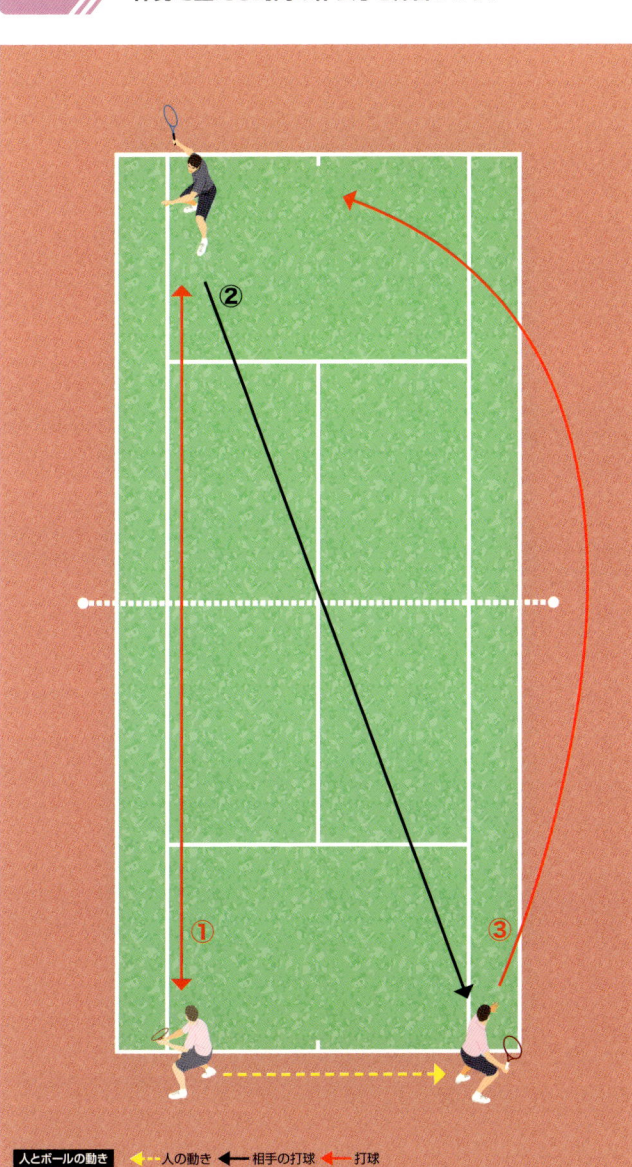

人数 2人
時間 ——
道具 なし

ねらい 相手の攻撃になんとか返球し、体勢を整える時間の作り方を練習します。

手順

① 左ストレートラリーをする
② 相手はクロスへ攻める
③ 選手はクロスからセンターへ、高いロビングを返す

人とボールの動き　- - - 人の動き　← 相手の打球　← 打球

次のポジションをとるために、センターの深めに高いロブを返球する

指導者MEMO　攻められたボールを強打で返すと、次の球に対するポジションがとれません。滞空時間の長いロブを、角度をつけにくいセンターへ返します。

シングルス

メニュー 199 スライスショットに慣れる

人数 2人
時間 —
道具 なし

ねらい スライス回転のショットを打つことに慣れる練習です。スライス回転のショットを打ち返す練習にもなります。

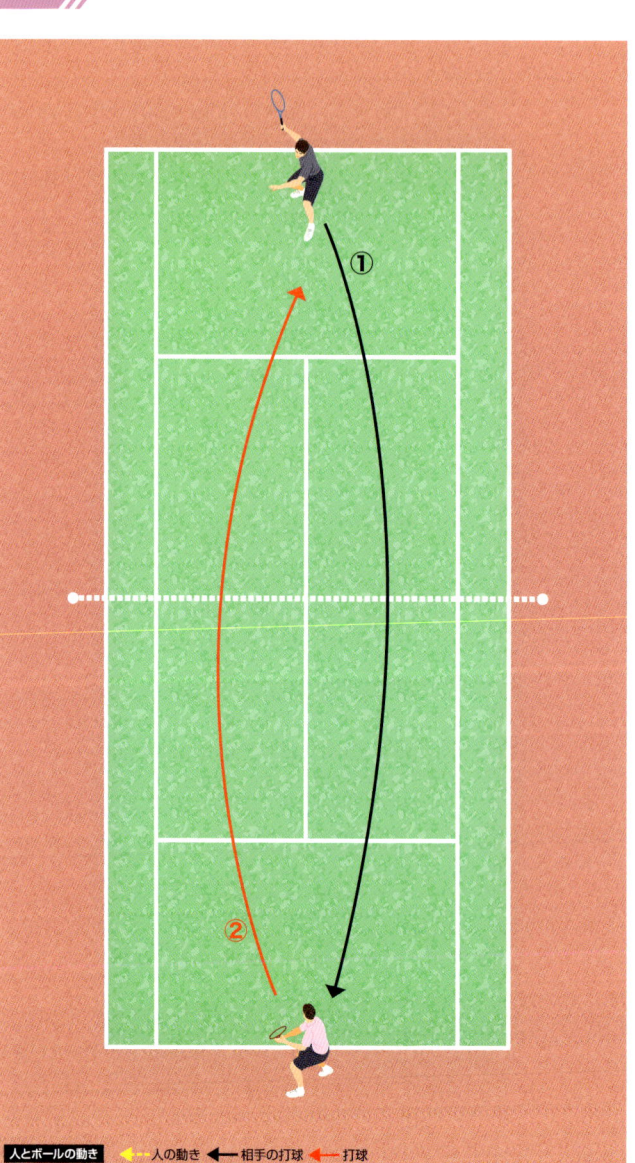

手順

① センターでストレートラリーをする
② 選手はバックハンドでスライスショットをおり交ぜる
③ 同様に、他のコースでも行う

指導者MEMO ドライブ回転のシュートだけでなく、バックサイドで打つことに慣れていないスライスショットで返すこともシングルスでは効果的です。

徐々に、スライスショットを長く返せるようにする

シングルス

メニュー 200 逆クロスのバックハンドから回りこんでストレートへ

人数	2人
時間	—
道具	なし

ねらい 甘いボールを見逃さずに攻めて、確実にポイントへつなげる練習です。

手順

① 逆クロス展開で相手が球出し
② 選手はバックハンドで返球。これを2回繰り返す
③ 相手は3本目に甘い球をだす
④ 選手は甘い球を回りこんでストレートへ攻める
⑤ クロス、ストレート、センターでも同様に行う

指導者MEMO 甘いボールを確実にポイントへつなげる習慣をつけます。相手は球出し役となります。選手の返球のタイミングに合わせて球出しをしましょう。

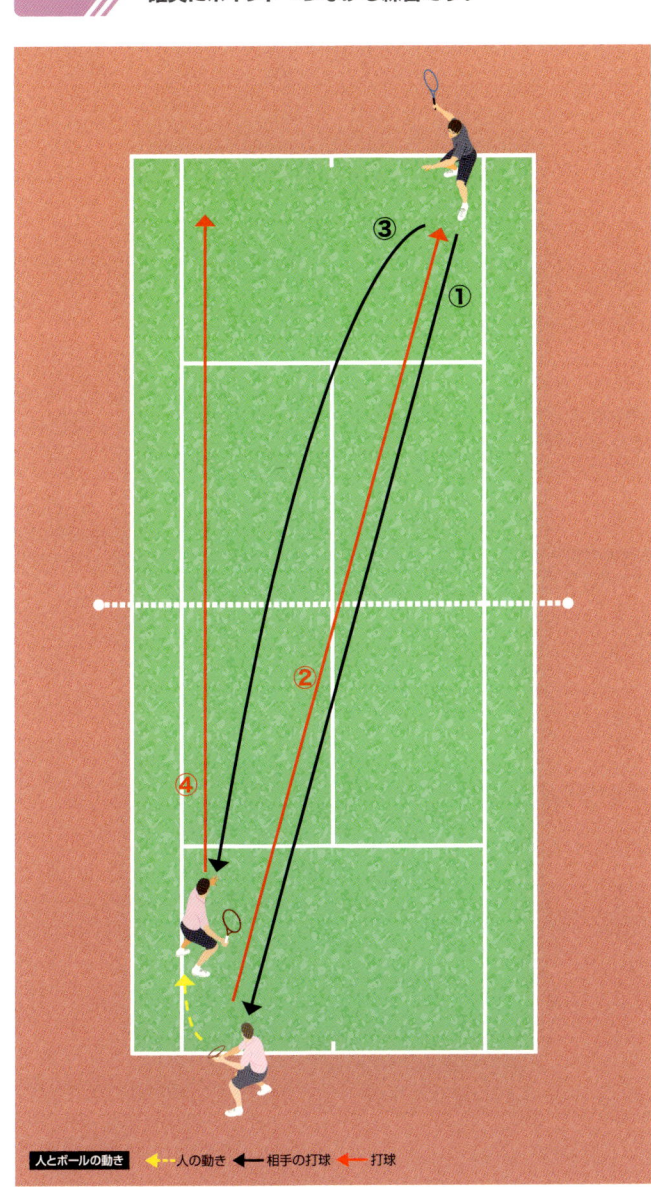

人とボールの動き　← -- 人の動き　← 相手の打球　← 打球

ラリーでは自分の打ったボールに応じて、1、2歩ポジションを戻す

おわりに 選手の皆さんへ

本気になると、人生が変わります

「人の世の幸と不幸は、人と人とが出逢うことから始まる。そのときの出逢いが、人生を根底から変えることがある」と言います。皆さんは、今までにもきっと、多くの素晴らしい指導者に出逢ってきたことでしょう。

ですがこれからのソフトテニス人生では、辛いことや苦しいこと、嫌になることがあるかもしれません。ソフトテニスをやめたくなるかもしれません。

そんな時には、いろいろな人との出逢いがすべてを解決してくれ、もっともっと自分を大きく成長させてくれると思います。人との出逢いを大切にしてください。自分の**夢**と**目標**を、常に胸に抱きながら、一歩一歩を進んでいってください。

最後に、私が好きな言葉を贈ります。

あなたの人生、あなたが主役。
やるかやらないかは、他人ではなく自分で決める。
自分で決めると**本気**になれる。
本気になると**人生が変わる**。

がんばってください。

三重高校 ソフトテニス部監督
神崎 公宏

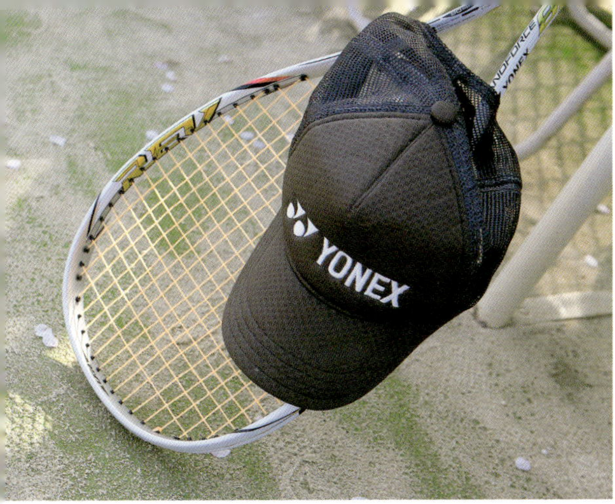
YONEX

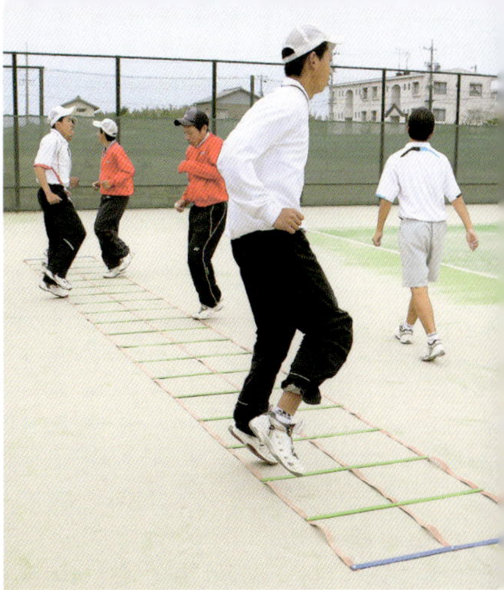

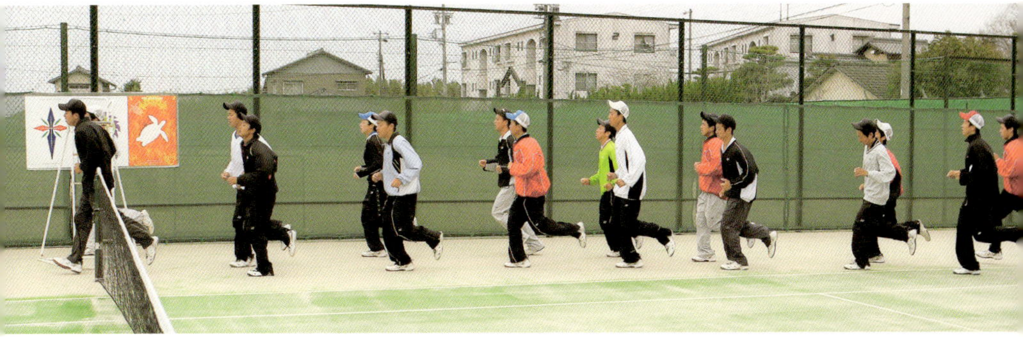

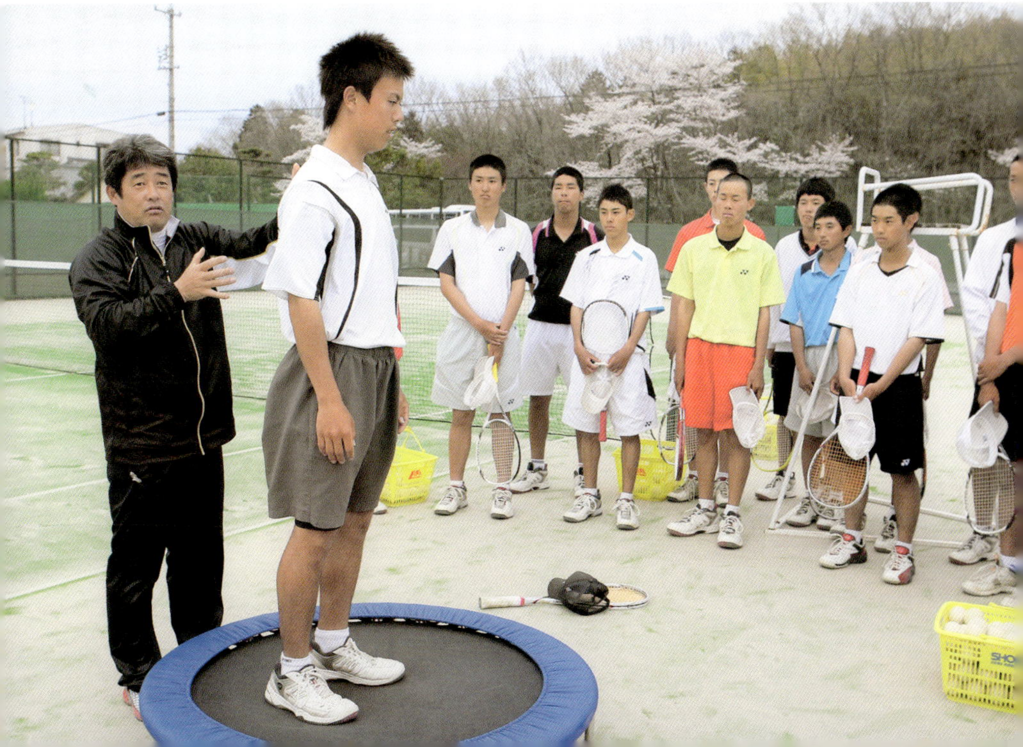

監修者 神崎 公宏（かんざき きみひろ）

1965年11月17日、三重県生まれ。三重高校→早稲田大学卒業。選手として89年、92年全日本選手権優勝のほか、世界選手権、アジア競技大会、アジア選手権などに日本代表として出場。87年母校・三重高校に赴任。92年、恩師・垂髪隆一監督から引き継ぎ、ソフトテニス部監督に就任。インターハイ団体、個人、選抜、国体優勝など、数々の栄冠に導く。その後、99年～2003年ナショナルチーム男子監督、04～06年ジュニアナショナルチーム男子監督を歴任。現在は日本ソフトテニス連盟強化委員長の役職に就く。

「ウォーミングアップ、トレーニング」担当
監修協力 川上晃司（かわかみ こうじ）

1962年5月1日。兵庫県出身。天理大学卒業。スポーツインテリジェンス株式会社代表。2004年より三重高校ソフトテニス部トレーナーに着任。現在は、日本ソフトテニス連盟強化委員会医科学部会員トレーナー。

モデル

現ナショナルチーム選手
三重高校ソフトテニス部顧問
玉川 祐司（たまがわ ゆうし）

三重高校ソフトテニス部（写真左から）
橋本 爽汰（はしもと そうた）
萩原 聖哉（はぎわら せいや）
土井 孝志朗（どい こうしろう）
竹鼻 祐希（たけはな ゆうき）

STAFF

編集・制作	Ski-est（Ski-est.com） 佐藤 紀隆 稲見 紫織 志内 宏充
取材・執筆	八木 陽子
デザイン	Design Office TERRA
DTP	elmer graphics 沖増 岳二 山浦 理絵
イラスト	内山 弘隆
撮影	真嶋 和隆

SPECIAL THANKS

撮影協力　三重高校

基本が身につく
ソフトテニス練習メニュー200

監修者	神崎 公宏
発行者	池田 豊
印刷所	株式会社光邦
製本所	株式会社光邦
発行所	株式会社池田書店

〒162-0851　東京都新宿区弁天町43番地
電話03-3267-6821（代）／振替00120-9-60072
落丁・乱丁はおとりかえいたします。

©K.K.Ikeda Shoten 2011, Printed in Japan
ISBN978-4-262-16125-9

本書のコピー、スキャン、デジタル化等の無断複製は著作権法上での例外を除き禁じられています。本書を代行業者等の第三者に依頼してスキャンやデジタル化することは、たとえ個人や家庭内での利用でも著作権法違反です。

1502508